KAWADE
夢文庫

大阪を
古地図で
歩く本

ロム・インターナショナル［編］

JN267629

河出書房新社

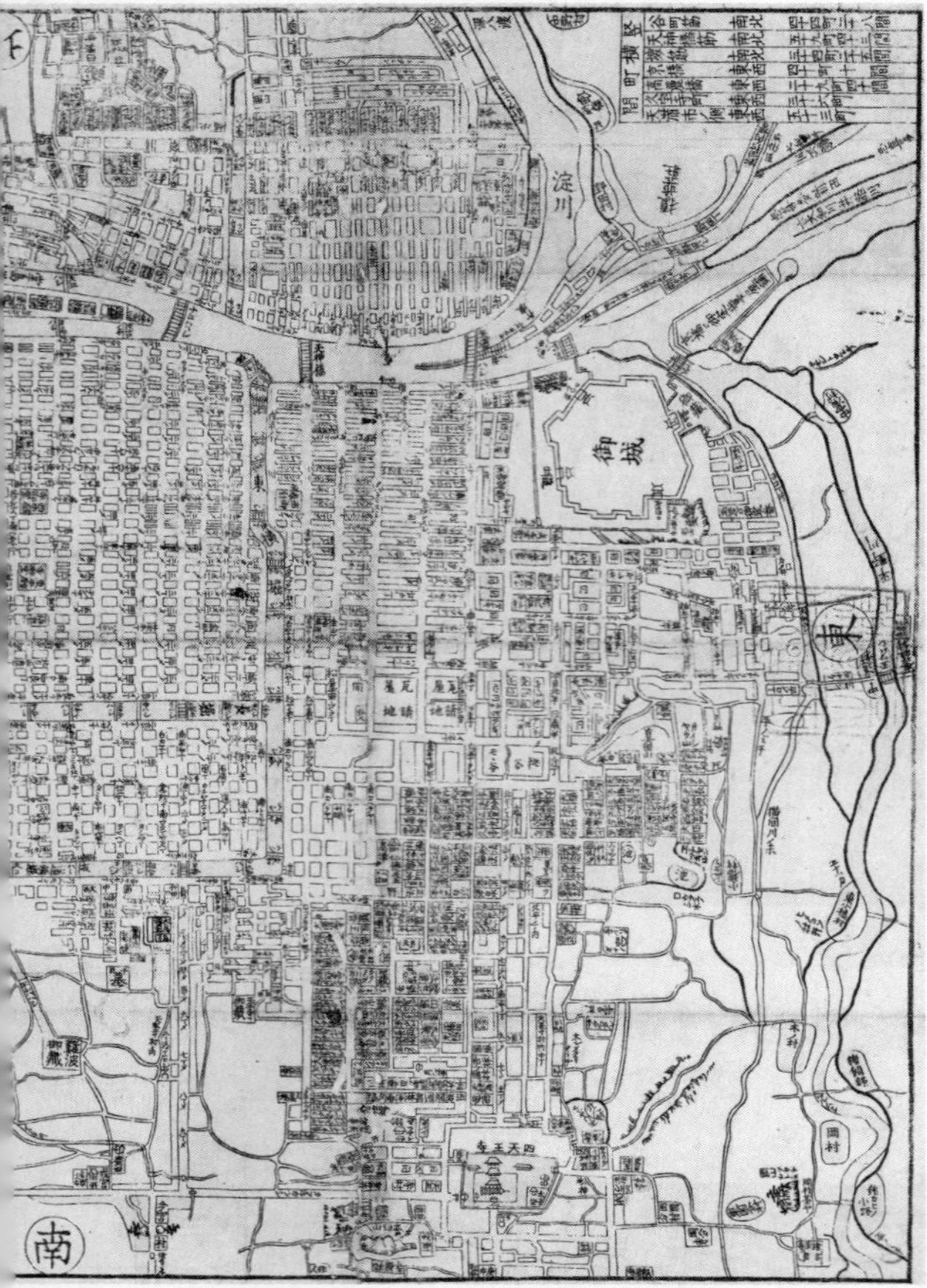

『大阪絵図』（寛政元年／播磨屋九兵衛）国立国会図書館所蔵

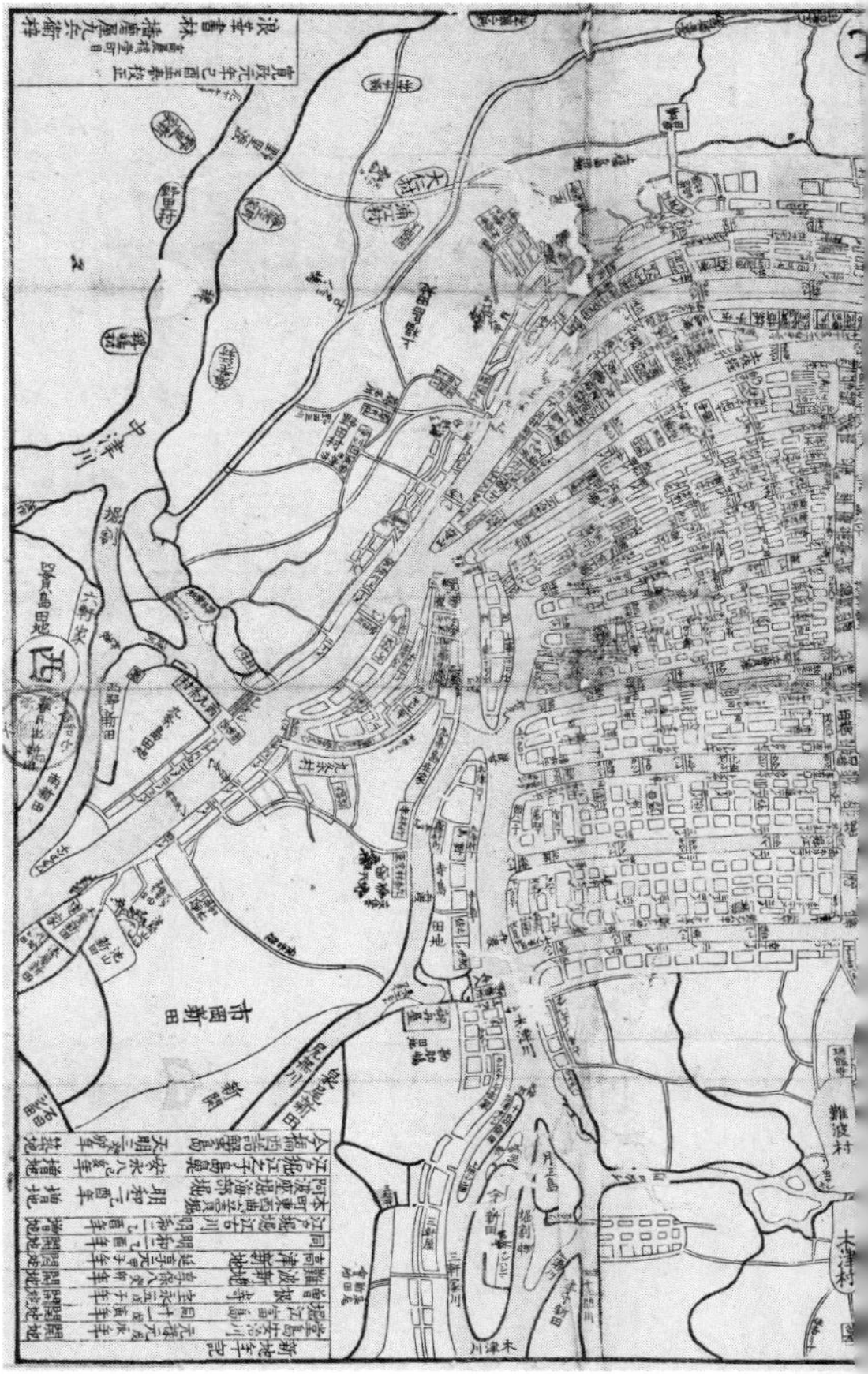

右上に大阪城、右下に四天王寺、中央上に中之島が描かれていることがわかる。

古地図から、大阪の驚きの過去が浮かび上がる！——まえがき

天下の台所、商人の町、関西の経済の中心、城下町……。大阪はさまざまな顔をもつ。市内を一時間ほど歩き回るだけでも、宮都、寺内町、城下町、商都と変遷《へんせん》を遂げた歴史を秘める、あらゆる顔に出くわす。

そうした歴史が形づくるカオス的土壌のおかげで、バラエティー豊かな大阪史の痕跡が街のあらゆる場所に刻まれ、大阪は発見の宝庫ともなっている。

たとえば、ビジネス街の「梅田」や歓楽街の「千日前《せんにちまえ》」は、江戸時代はまったく異なる意外な様相の町であったことをご存じだろうか。また、大坂城の「真田丸《さなだまる》」は、これまで常識とされてきた「出丸《でまる》」とは違った構造をもっていたという新説が提示されている。あるいは、お台場といえば東京の観光スポットとして有名だが、じつは大阪にも「お台場」が存在したのである。

本書は、大阪の町並みや建造物、地名などにまつわる数々の謎を、古地図を眺めながら解き明かしていく。大阪をさらに深く味わう一助となれば幸いである。

ロム・インターナショナル

大阪を古地図で歩く本　目次

第一章 町並みからは想像できない「大阪のうつろい」を味わう
今日の賑わいのルーツを訪ねて歩く――

第二章 「日本の中心」としての「大坂」を再発見する

―歴史の転機となった地を歩く―

第三章 四通八達の「交通網」に秘められたドラマを追う
古の人々の往来を追体験して歩く──

第四章 「なにわ商人」のパワーと「先進の文化」を体感する

庶民が築きあげた町を歩く――

第五章 地名から浮かび上がる「大阪の謎」を解く

変わった地名・不可解な地名のエリアを歩く――

第六章 「古地図の大疑問」から巨大都市の今昔を探る
中世の風景を想像して歩く――

カバー挿画●『大阪絵図（弘化4年／伊丹屋善兵衛）』（国立国会図書館所蔵）
現代地図作成●ＡＫＩＢＡ

第一章

今日の賑わいのルーツを訪ねて歩く――

町並みからは想像できない「大阪のうつろい」を味わう

キタとミナミだけじゃない 近世の繁華街には「ニシ」もあった！——新町遊郭

現在、大阪の繁華街《はんかがい》といえば、大阪駅・梅田駅を中心に、阪急百貨店や阪神百貨店、オフィスビルが林立する「キタ」と、難波《なんば》を中心とした「ミナミ」である。

しかし、時代をさかのぼること四〇〇年、江戸時代には、もう一つの繁華街「ニシ」があったのをご存じだろうか？

そのニシがあった場所が、四ツ橋筋《よつばしすじ》と長堀《ながほり》通りが交差する大阪市の四ツ橋交差点の北西一帯で、地名でいうと「新町《しんまち》」とよばれる一帯である。

ニシは江戸時代を通じて存在したが、明治五年（一八七二）、芸娼妓《げいしょうぎ》解放令布告によって、姿を消した。もうおわかりだろう。かつて存在した繁華街ニシとは、遊郭《ゆうかく》のことだったのである。

江戸時代、大坂の新町遊郭は、江戸の吉原《よしわら》や京都の島原と並ぶ三大遊郭の一つといわれ、高級花街だった。

新町遊郭の起こりは古く、豊臣秀吉の時代までさかのぼる。天正《てんしょう》一一年（一五八三）に大坂城築城を始めた秀吉は、各地から集められた武士たちのために、遊里《ゆうり》を開設することを許可したのである。

さらに慶長《けいちょう》二〇年（一六一五）、大坂夏の陣で大坂城が炎上焼失すると、徳川二代将軍・秀忠《ひでただ》は城の再建を命じ、再び各藩から多くの武士が集められた。

このとき、大坂城主だった松平忠明《ただあきら》は、武士たちのために遊里の継続を許可したが、一つ条件をつけた。それは大坂の町に散らばっていた遊里を一か所に集めること。こうして、寛永《かんえい》年間に西横堀《にしよこぼり》西側の荒地が拓かれ、新町遊郭が誕生する。

大坂にはほかにも曽根崎《そねざき》新地、高津《こうづ》新地などの遊里があったが、こちらはあくまで私娼街にすぎない。ニシこそ、幕府公認の格式ある遊郭なのである。

新町遊郭は、東を西横堀川、北を立売堀《いたちぼり》川、南を長堀川に囲まれていた。天保《てんぽう》年間（一八三〇～一八四四）に制作された『大阪新町細見《さいけん》の図《ず》』を見るとその形状がよくわかる。

この図では九つの出入り口が描かれているが、当初、新町遊郭の出入り口は、西の瓢簞町《ひょうたんちょう》に置かれた大門一つだけであった。つまり、完全に隔離された土地だったのだ。

これは遊女の逃亡を防ぐためだったが、その後出入り口が一つだけでは不便だということで、東側に橋をかけてもう一つ大門を設置した。二つの大門は、午後九時（その後、午後一二時に延長されたが）になると門は閉められ、誰も出入りすることができなかった。

新町遊郭では何度か火事が発生した。非常時に門が二つだけだと、逃げ場がなくて被害が大きくなる。こうした反省から、避難用としていくつもの新門が開かれていった。

この新門は設置の目的上、非常時にしか開けられず、平時は堅く閉ざされていたため、別名 蛤門《はまぐりもん》ともよばれた。蛤を焼くと、パカッと口を開ける。それになぞらえたのである。

こうして新町遊郭は元禄《げんろく》期になると八〇〇人の遊女を抱えるまでになり、江戸期を通じて繁栄した。やがて明治の世となって遊郭が廃止されると、大坂の繁華街ニシはその役割を終えることとなった。

江戸時代、商店が集まり賑わった意外な場所とは？

高麗橋

現在の大阪の中心といえば、梅田駅周辺の「キタ」と「ミナミ」だが、「天下の台所」とよばれた江戸時代において大坂経済の中心地は、「キタ」と「ミナミ」の間、現在は上を阪神高速一号線が走る、東横堀川にかかる高麗橋《こうらいばし》の周辺であった。

橋の名は、朝鮮の国使のために架けられたことに由来するといわれている。江戸時代には、幕府が直接管理する公儀橋《こうぎばし》であった。また、橋の西詰めには、高札場《こうさつば》が設けられ、幕府からの訓令が掲げられた。

当時の賑わいを描いているのが、寛政一〇年（一七九八）発行の『摂津名所《せっつめいしょ》図会《ずえ》』である。高麗橋西詰めを描いた絵図には、呉服店や両替屋、紙屋、秤座《はかりざ》（江戸幕府の特別許可を得て秤の製造や修繕を担当した組合）、綿問屋などがズラリと並んでいる。

また、橋から西へ延びる高麗橋通りを描いた絵図には、呉服屋の越後屋《えちごや》が見

『摂津名所図会』に描かれた高麗橋（国立国会図書館所蔵）

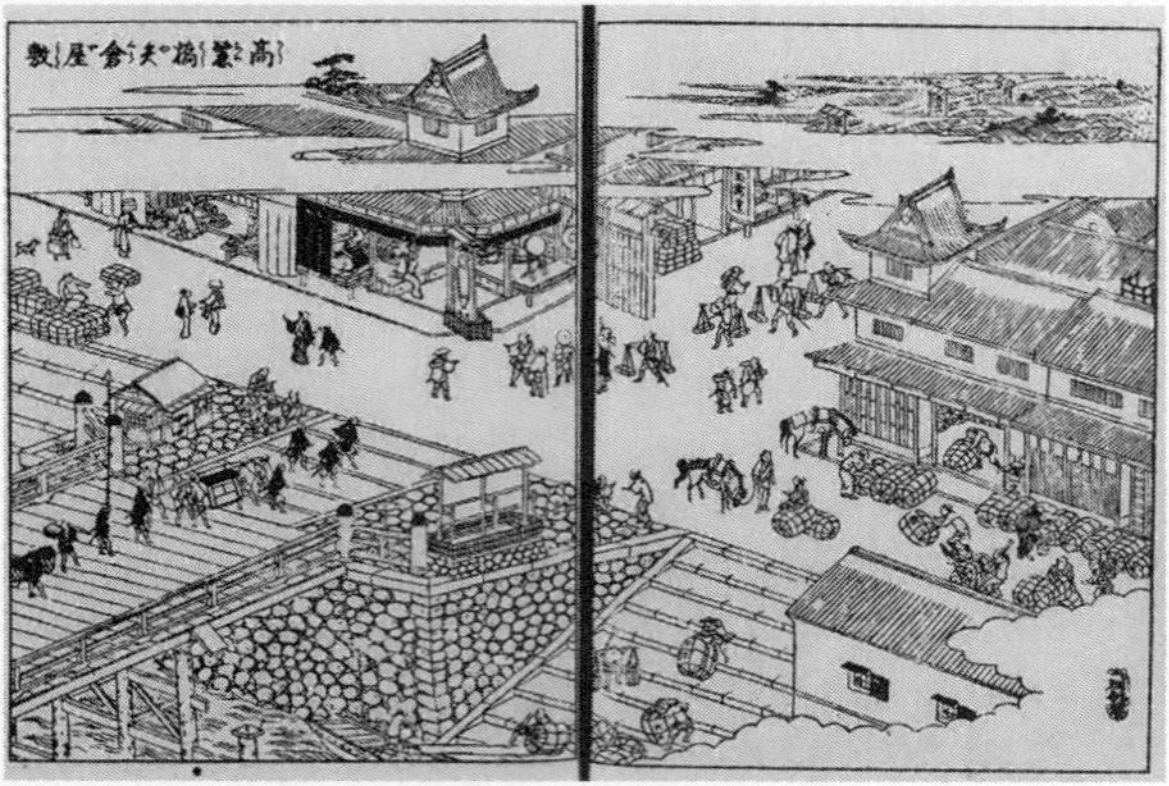

える。
　のちに三越大阪店へと発展する越後屋の店舗の間口は五〇メートルに及び、買いつけ客で賑わっている。しかも、この越後屋では、呉服店の向かいに糸店、鼈甲《べっこう》店、紅《べに》おしろい店、紐《ひも》店、鏡店などを支店として出していた。ここにくれば、女性が欲しいと思う品物が一度に揃《そろ》うというもので、この一画はまさに現在の百貨店の原型ともいえるだろう。
　また、高麗橋三丁目には虎屋《とらや》伊織《いおり》という饅頭《まんじゅう》を売る店があり、大坂の人々はこの店の饅頭を最高級品として、贈答に用いることが多かった。ところが幕末になると、跡継ぎが絶え、虎屋は閉店してしまう。そこでこの店の饅頭の味が忘れられない常連たちや、虎屋最後の当主となった竹田七郎兵衛らの後押しを受けて、虎屋に奉公していた今中伊八が開店させた店が、現在の鶴屋八幡《つるやはちまん》である。

では、なぜ江戸時代の高麗橋付近が、名店が軒を連ねるほどの賑わいを見せていたかというと、ここが大坂から諸街道へと向かう基点になっていたからである。

高麗橋を東方向に進むと大坂城、西に進めば船場《せんば》、さらには前述したように幕府のお達しを掲げる高札所もあり、ここで情報収集をすることもできた。明治時代になると、ここに里程元標《りていげんぴょう》が置かれ、ここを基点にして西日本の各道路の距離が計算されたのである。

高麗橋は、明治三年（一八七〇）、イギリス製の鉄橋に架け替えられたため、「くろがね橋」とよばれるようになった。その後、昭和四年（一九二九）、鉄筋コンクリート製のアーチ橋に架け替えられた。現在、私たちが高麗橋とよぶのはこの橋のことである。

梅田
高層ビルが林立するビジネス街は、かつて「町」として認識されていなかった?!

江戸時代以来、「キタ」と称される梅田は、今日ではビジネス街である。さぞかし昔から大阪の中心地として繁栄してきたのだろうと思いきや、江戸時代の元禄年間（一六八八～一七〇四）に制作された『大坂三郷町絵図《さんごうちようえず》』には「墓」と記されており、以降の絵図には「梅田三昧《ざんまい》」と記されている。この頃には、墓だけでなく火葬場もあったとされる。

時代が下った弘化《こうか》二年（一八四五）に制作された『弘化改正大坂細見図』を見ても、「梅田墓」とあるだけで、周辺には何もない。ただ荒野が広がるばかりである。つまり、江戸時代までの梅田は、「町」ともいえない状態だったのだ。

そもそも梅田という地名は、沼地を埋め立てた「埋田」に由来し、埋田では文字から受けるイメージが悪いので「埋」の字ではなく「梅」の字を使うようになったという説が有力である。梅田は新たに埋め立てて開墾《かいこん》された土地であり、とても地域の中心地とよべるような場所ではなかったのである。

墓地があった梅田

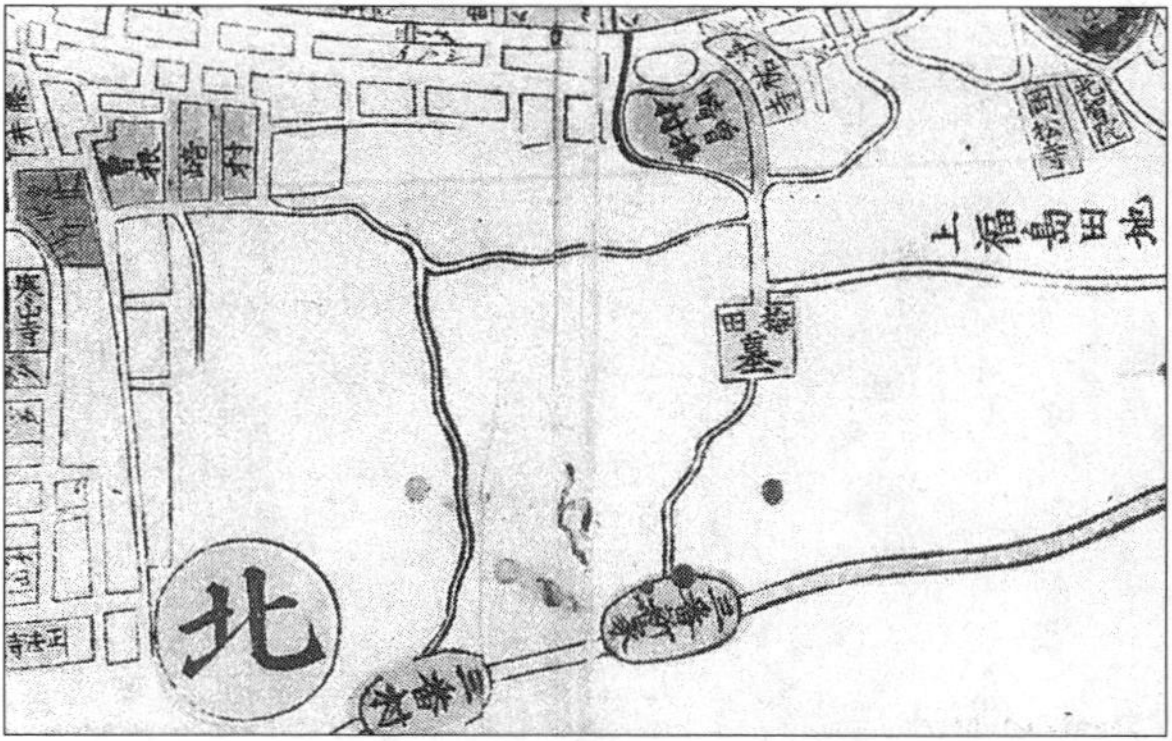

『弘化改正大坂細見図』（『大阪古地図集成』）

では、なぜ荒野だった梅田が発展したかというと、そのきっかけは大阪駅の建設にある。

明治時代、日本が西洋の文化を積極的に取り入れるなかで、明治五年（一八七二）に東京の新橋駅～横浜駅（現桜木町駅）間に鉄道が開通。これを受けて大阪でも鉄道開設へ向けた動きが始まった。

当初の計画では、大阪駅は栄えていた堂島に設ける予定だった。ところが、当時はまだ鉄道への正しい理解が進んでおらず、「火を噴く車が火の粉をまき散らすから、線路の周りは火事になってしまう」という根拠なき猛反対に遭ってしまった。そこで、大阪の北辺に位置し、民家のなかった梅田に駅を置くことになったのである。

こうして明治七年（一八七四）、梅田に初代大阪駅が誕生した。その後、現在の四代目の大阪駅まで、多少の位置の変動はあったものの、梅田にずっと大阪駅は置かれ続けた。

鉄道開設当初は、見物客が物珍しさから訪れるようになり、やがて人々が集まるようになると、駅周辺に百貨店やホテルがオープンし、梅田は大阪のビジネス街、ひいては中心地としての地位を確立していったのである。

刑場や墓地が、賑やかな繁華街に変貌したきっかけとは？――千日前

「ミナミ」の中心難波に隣接し、いかにも大阪らしい独特の雰囲気を醸《かも》し出す「千日前《せんにちまえ》」。飲食店が軒《のき》を連ねる歓楽街として知られるが、江戸時代の千日前一帯は、まったく違う様相を呈していた。

弘化二年（一八四五）の『弘化改正大坂細見図』には、確かにいまもある法《ほう》

千日墓・竹林寺・法善寺

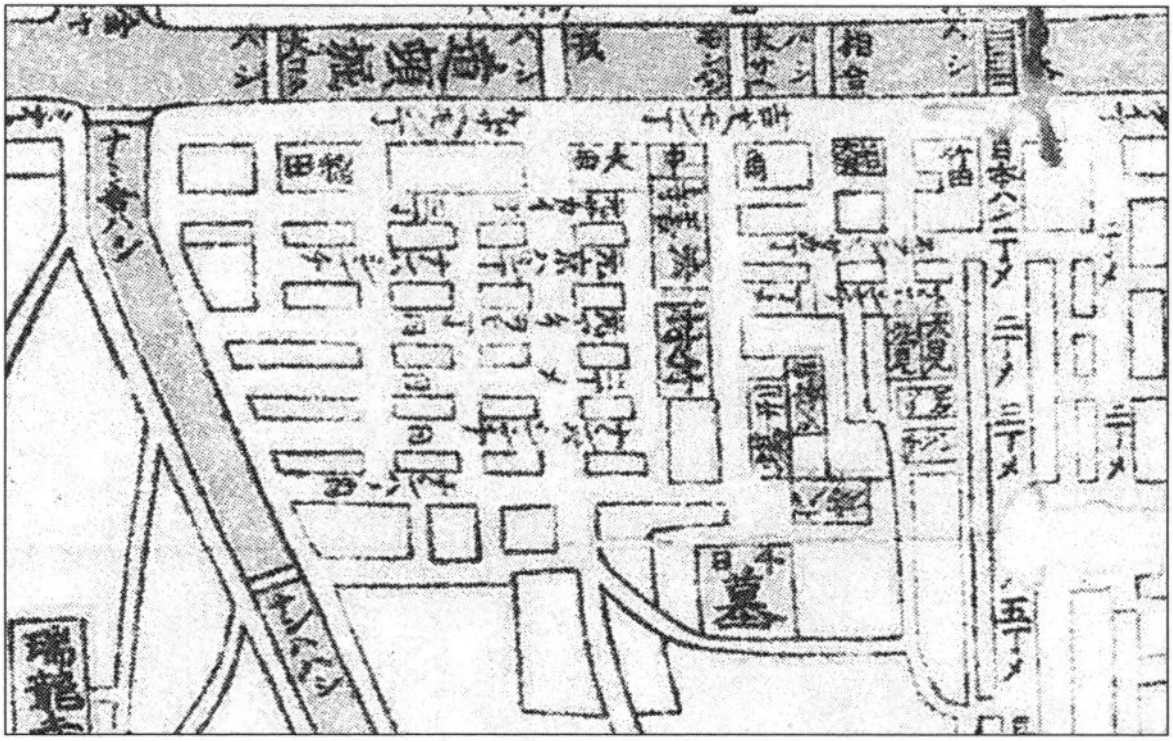

『弘化改正大坂細見図』（『大阪古地図集成』）

善寺《ぜんじ》の名や二〇〇九（平成二一）年に天王寺地区に移転した竹林寺《ちくりんじ》などの名が記されているものの、周辺には刑場や火葬場、千日墓地などが記されている。じつは当時このあたりは、罪人を処刑したり、遺体を荼毘《だび》にしたり、埋葬する場所だったのである。もちろん当時の千日前獄門台《ごくもんだい》の上には、晒《さら》し首が置かれていた。

　千日前の地名は、浄土宗の寺院である法善寺が、開基から一〇〇〇日目に千日法要、二〇〇〇日目に二千日念仏というように、一〇〇〇日ごとに念仏を唱えることから「千日寺」とよばれたことにちなんでいる。

そうした歓楽街とは似ても似つかない殺伐《さつばつ》とした場所だった千日前のありさまが一転したのは、明治三年（一八七〇）のこと。明治政府によって、刑場が廃止されて、火葬場と墓地も阿倍野《あべの》に移され、千日前の再開発が推奨されたのである。とはいえ、もとは刑場や火葬場という土地柄から、なかなかこの地で商売しようという人は現れなかった。

しかし、名古屋の興行師横井勘一と奥田ふみ女が土地を買い取り、見世物小屋などを始めると、徐々に人が集まるようになってきた。千日前は道頓堀の南に位置しており、立地は良かったのである。

明治四五年（一九一二）、千日前一帯は大火に見舞われたが、これがかえって町の発展を促すことになる。

それまで並んでいた仮設の見世物小屋が一掃され、新たに本格的な劇場などが建てられた。また、火事により焼け野原になったことで、区画整理が行なわれ、急遽《きゆうきよ》、市電が通ることにもなった。本来は道頓堀川を挟んで北側の宗右衛《そ(う)え》門町《もんちよう》を通る予定だったが、広い土地が簡単に確保できるようになったなど、事情が変わったためだ。こうして千日前は交通の便が格段に向上し、市街地からアクセスしやすい歓楽街となったのである。

戦時中、空襲により千日前一帯は再び焦土《しょうど》となってしまったが、戦後、復興を遂げ、いまの賑わいを取り戻したのである。

大坂城の南に寺院街を移築した江戸幕府の思惑とは？——生玉町〜下寺町

大阪市天王寺区の生玉町《いくたまちょう》から下寺町《したでらまち》にかけてのエリアを俯瞰《ふかん》してみると、西方寺、銀山寺、堂閣寺と、多くの寺が集まった「寺町」となっている。とくに松屋町筋沿いの下寺町一丁目から二丁目には二五の寺が集まっており、これほどの密度は全国でも珍しい。

じつはこのように、一地域に寺を集めるのは、軍事的な意味合いがあった。寺は土塀に囲まれており、一般の民家に比べて広い敷地をもっている。しかも、建物も強固につくられている。また非常時には、ここに兵を集めることもできる。つまり、寺を一か所に集めておくと、イザというときには、そこがそのまま軍事拠点へと早変わりするのである。

こうした狙いから、豊臣秀吉は大坂城築城の頃から、城の南部に寺を集めた町を形成しようとしていた。というのも、大坂城は、北に大川と大和《やまと》川、東に平野川と猫間《ねこま》川、西に市中を流れる堀川があり、川自体が防衛線の役目を果たしていたが、南側だけは、そうした川がなかったからである。

晩年の秀吉が大坂城の防衛強化のために、城の南側に空堀をつくらせたことはよく知られている。大坂冬の陣では、真田信繁《さなだのぶしげ》（幸村《ゆきむら》）が「真田丸」を築いている。しかし、この空堀は大坂冬の陣の後、徳川家康の意向で埋められてしまった。その後、江戸幕府から大

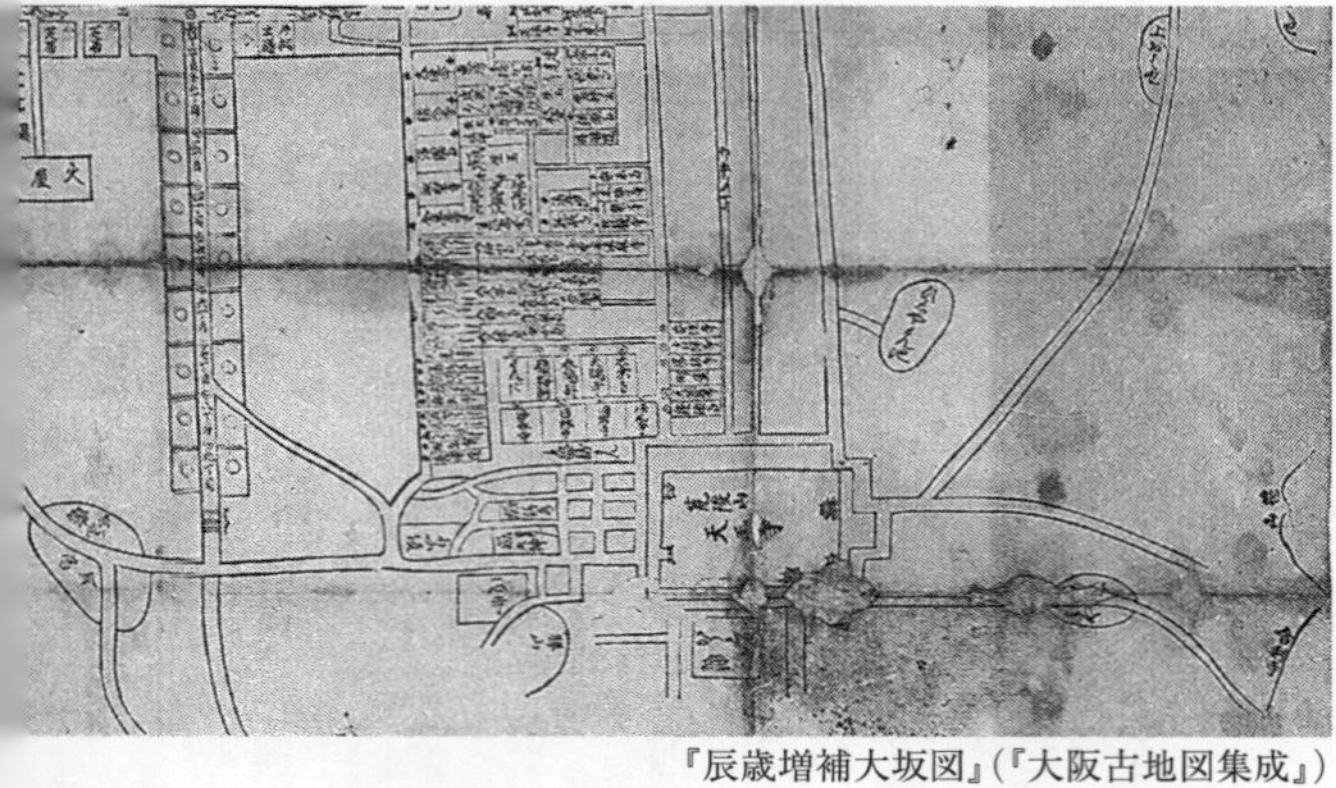

『辰歳増補大坂図』（『大阪古地図集成』）

坂城城主に任ぜられた松平忠明は、この南側の弱点を克服しようと、大坂城の南に寺院街を移築したのである（その時期については、寺院街を移築したのは、松平忠明ではなく、大坂が幕府の直《ちょっ》轄領《かつりょう》になったあととの見方もある）。

貞享《じょうきょう》四年（一六八七）の『新撰増補大坂大絵図』を見ると、大坂城の南側に寺が整然と並んでいる様子が記されている。また、元禄元年（一六八八）のものと考えられる『辰歳《たつどし》増補大坂図』では、この一帯にある寺の宗派について記しているが、一五八の寺のなかで、徳川家の宗旨《しゅうし》であった浄土宗の寺が九五と最大となっている。一方、浄土真

宗派を記した記号と整然と並ぶ寺

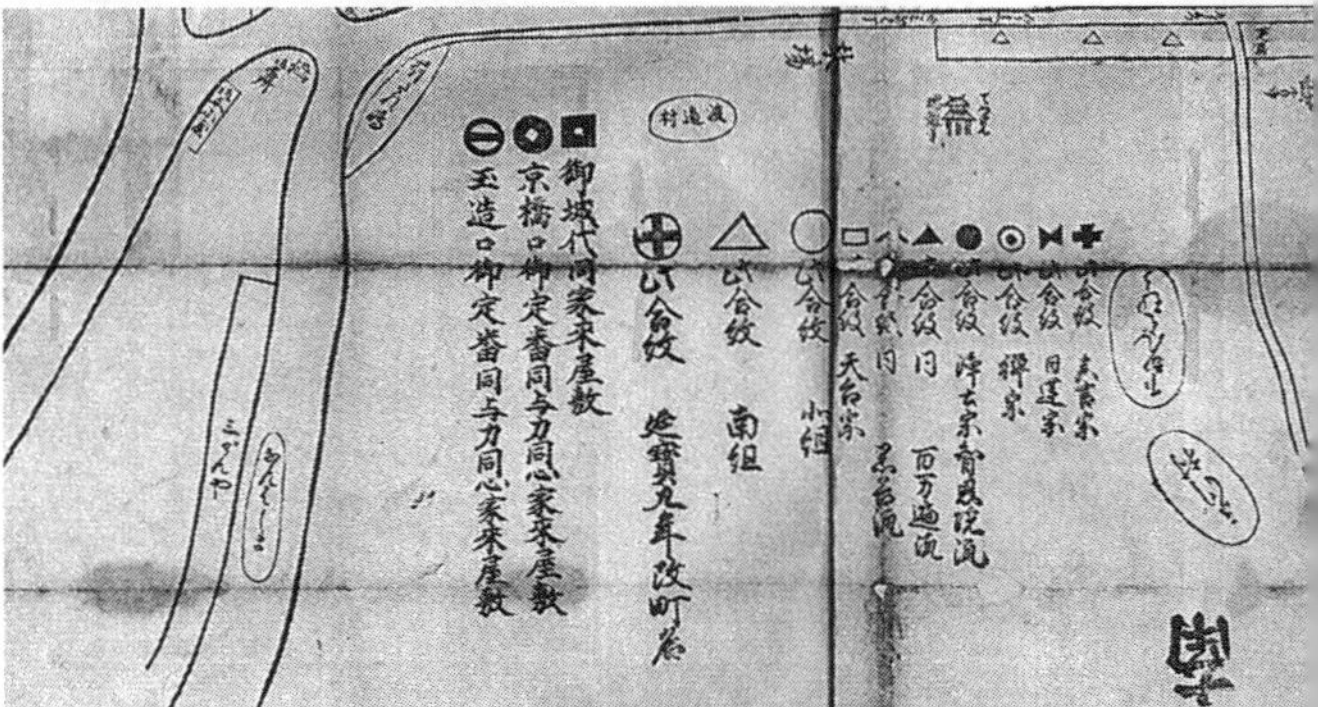

宗の寺に限っては、一向一揆《いっこういっき》を起こした過去などもあり、幕府はこの寺町への移築を求めなかった。そのため浄土真宗の寺だけは、大坂市中にそのまま残ったのである。

元禄時代の安治川に、わざわざアーチ状の橋を架けた理由とは？——安治川橋

大阪市営地下鉄阿波座《あわざ》駅から徒歩九分。安治川《あじがわ》にはかつて安治川橋という名の橋が架かっていた。安治川は、洪水が頻発《ひんぱつ》していた淀川河口の水害対策の一環として貞享元年（一六八四）に河村瑞賢《ずいけん》が淀川の下流に新たな水路として開削《かいさく》した人工の川である。

両岸には市街地が形成され、元禄一一年（一六九八）には本田と富島の間に安治川橋が架けられた。

この橋については、江戸時代の摂津《せっつ》国の旅行案内『摂津名所図会』（一七九八年）に「安治川橋」として描かれているが、それを見ると一般的な直線型ではなく、工事が難しく費用もかかるアーチ状（反橋《そりはし》）になっていることがわかる。

『摂津名所図会』に描かれた安治川（国立国会図書館所蔵）

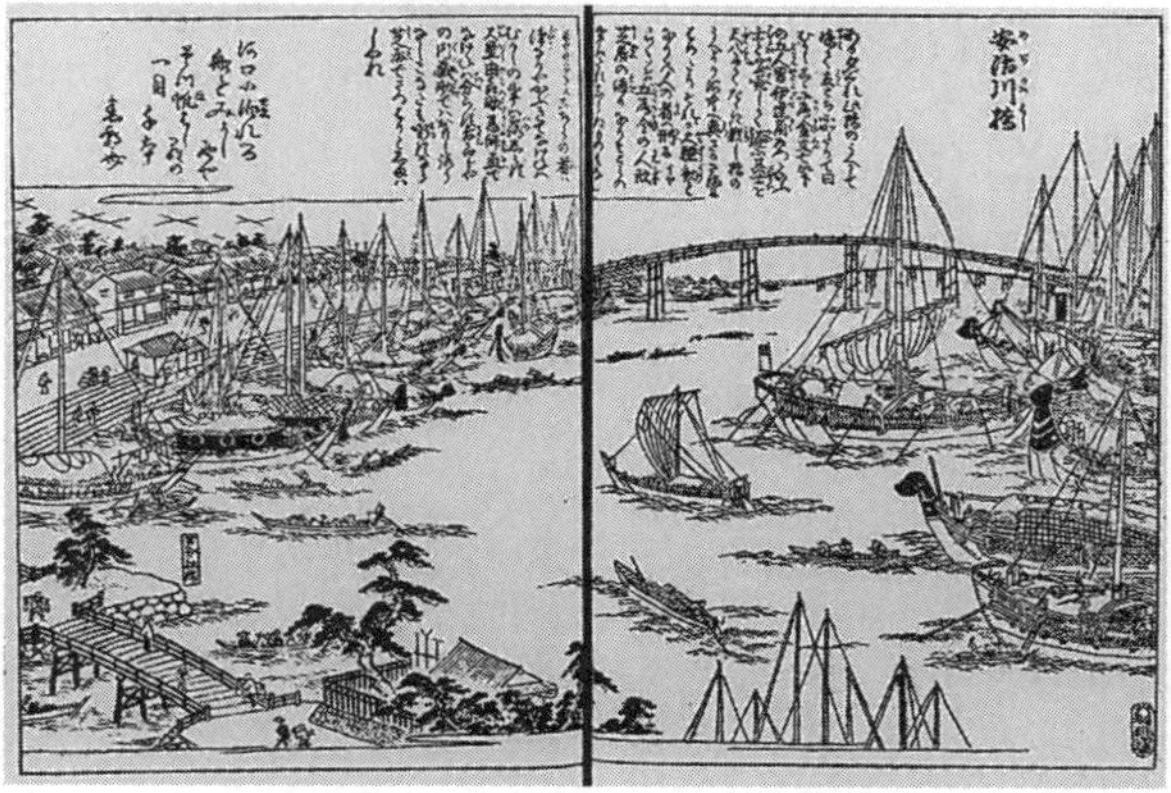

ゆったりとした大きなアーチ状は美しいが、もちろん景観にこだわってこの形にしたわけではない。

じつはここは船の通行量が多く、往来する船の帆柱《ほばしら》が橋に引っかかるのを防ぐため、橋桁《はしげた》の中央を高くしたのである。

通常、外海を航行する船は帆柱が高くて通れないため、荷物は通常河口などで上荷船《うわにぶね》や伝馬船《てんません》などに積み替えられ、問屋のある浜や河岸に運ばれた。ところが、安治川橋は河口に近く、外海と市中を通行する川の境にあり、外海から入ってくる船が、市街地近くの安治川橋のあたりまで遡上《そじょう》し、安治川口で廻船の荷を市中の各所に運ぶ上船などに積み替えていた。

つまり、この橋は船にとって川に入ってきた大型船が、最後にくぐらねばならない橋だったのである。

このように船の往来のため反橋にした例は少なくない。大坂の難波橋も、物産を積んだ船の往来が多いため、アーチ状の反橋になっていた。ここの高低差は約三・六メートルあったといわれている。

安治川橋は明治初期に架け替えられたが、西欧から輸入された鉄製で、高い帆をもつ船が航行するときには、橋桁が旋回する可動式だったという。当時の人々はこの様子を見て「磁石橋」とよんでいたと伝えられるが、明治一八年（一八八五）の大洪水の際、市内の洪水を誘発する危険性から爆破撤去された。いまでは橋の歴史を伝える碑が残るのみとなっている。

日本有数の繁華街は、その昔四つの川に囲まれていた！——道頓堀界隈

戎橋《えびすばし》やグリコの看板をランドマークとし、川の両岸に劇場、飲食店、映画館

島のように断絶した道頓堀界隈

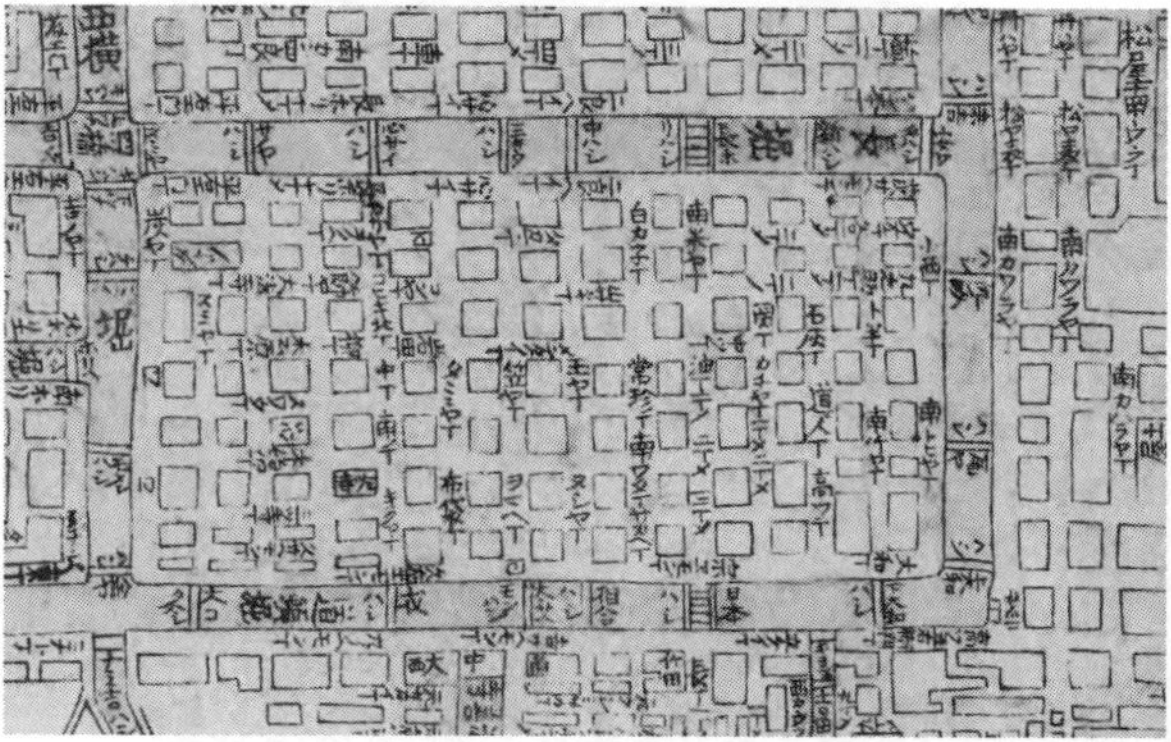

『大阪絵図(寛政元年／播磨屋九兵衛)』国立国会図書館所蔵

などが軒を連ねる道頓堀は、ミナミ最大の歓楽街として賑わっている。この道頓堀という地名は、一帯の中央を東西に流れる道頓堀川に由来する。

この道頓堀、現在は道頓堀川と同地区の東端を南北に流れる東横堀川の二方に川があるのみだが、寛政元年(一七八九)発行『大阪絵図(播磨屋九兵衛)』を見ると、道頓堀界隈は四方を川に囲まれて陸地と断絶していた。

この一帯が開発されたのは、天正一一年(一五八三)に始まる豊臣秀吉による大坂城築城が契機となった。まずは道頓堀の東限である東横堀川が、大坂城築城の資材の運搬路として開削され、大坂城の惣構え《そうがまえ》（外郭）の一部ともなった。

その東横堀川と木津《きづ》川、淀川を結ぶ東西の水路として商人の安井道頓《やすいどうとん》が慶長《けいちょう》一七年（一六一二）に開削を始めたのが道頓堀川である。道頓は工事半ばでこの世を去るも、従弟の安井道卜《どうぼく》がそれを引き継ぎ、元和《げんな》元年（一六一五）に道頓堀川を完成させた。

これにより大坂南部の水運は格段に向上し、当初南堀とよばれた堀が、開削者の名にちなんで道頓堀とよばれるようになる。また道頓の功績を讃え、道頓堀のすぐそばの日本橋付近に記念碑が建てられている。

道頓堀川は東横堀から流れて、西は日吉橋の西で木津川に合流し、江戸時代には一〇の橋が架けられていたという。

道頓堀川と前後して、船場地区の西限である御堂筋《みどうすじ》付近に、西横堀川が南北に開通し、少し遅れて道頓堀川と並行する形で、東横堀川と木津川を結ぶ長堀川が掘削された。こうして一帯は四つの川に囲まれる地形となった。この一部がいまの道頓堀界隈である。ここには筑後座、中の芝居、角丸座など六座の芝居小屋が並び、アミューズメントスペースとして発展。見物客で大変な賑わいを見せるようになった。

この島之内の地形が変わったのは昭和に入ってからのこと。大阪の新開発にともない、長堀川と西横堀川が埋め立てられたため、川は分断され、現在のような陸続きの地形になったのである。

船場の一角が、「薬の町」になったきっかけとは？

道修町

大阪・船場《せんば》にある道修町《どしようまち》。この町にはなぜか製薬会社が密集している。塩野義《しおのぎ》製薬、武田薬品工業、大日本住友製薬、カイゲンファーマ、田辺三菱製薬などざっとあげただけでもこれだけの製薬会社がビルを構える一画は全国的にも珍しい。

ただしこれは何も新しいことではない。じつは道修町には古くから薬種卸問屋が多くあり、「薬の町」として栄えてきた歴史をもっている。

道修町自体は、大坂築城に際して船場が開発されるとすぐに形成されたと見られ、元禄四年（一六九一）発行の『大坂大絵図』にすでにその町名が見える。

町名は、中国から渡来した医師・北山道修《どうしゅう》が寛永年間（一六二四〜一六四四）に、この地で医業を開いたことに由来するという。その縁から当地に薬業者が集うようになった。

さらに、一八世紀にこの町を「薬の町」とした決定的な出来事が起こる。八代将軍吉宗が大坂を訪れた際、病にかかって臥《ふ》したことがあった。このとき吉宗を癒《いや》したのが道修町の薬だったのである。

これに感謝した吉宗は、道修町の薬屋一二四軒を株仲間として特別の免許を与えた。幕府のお墨付きを得た道修町では薬品検査のために「和薬種改会所《わやくしゅあらためかいしょ》」を設置し、薬価の決定権をもって、全国に独占的に売りさばくようになったのである。こうして一帯は薬の町として発展することになった。

さらに明治以降も積極的に西洋の薬を取り入れ、薬業者たちは品質検査を行なう「大阪薬品試験会社」を設立する一方、各薬種問屋が製薬企業へと発展を遂げた。武田薬品工業、田辺三菱製薬、塩野義製薬らはその典型である。

町には「薬の町」ならではの風景がいまも残されている。現在、堺筋の道修町の交差点を西へ入ると「少彦名《すくなひこな》神社」がある。祭神は薬祖神である少彦名神と中国の医薬の神様「神農氏《しんのう》」。いまも薬品関連会社が「薬祖講《やくそこう》」を組織し、神社の運営に当たっている。

淀川の中洲のビジネス街にかつて各藩の蔵屋敷が密集した理由——中之島

淀川の中洲に広がる中之島近辺は大阪を代表するビジネス街であり、大阪市役所などの官公庁のほか、大阪府立国際会議場や大阪市立科学館、大阪府立中之島図書館、国立国際美術館などが並ぶ大阪の文化・芸術拠点でもある。

また、中之島公園は都心部の貴重な公園であり、市民の憩《いこ》いの場でもある。まさに中之島は大阪の心臓部といえるだろう。

さて、その中之島だが、江戸時代初期までは、いまよりはるかに小さな島で、葦《あし》が繁る寂しい場所だった。これを開発したのが当時の豪商・淀屋常安《じようあん》ら二人の町人で、やがて中之島は主に領国大名の蔵屋敷地として用いられるようになっていった。

宝永年間に発行された『摂州大坂画図』を見ると、東端の備中《びっちゅう》成羽《なりわ》藩五〇〇

○石から西端の豊前《ぶぜん》小倉《こくら》藩一五万石までずらりと蔵屋敷が並んでいて、その数はざっと四○。東西二・五キロメートルのほぼ全体が蔵屋敷である。元禄の末には、天満や土佐堀、江戸堀、上町《うえまち》など市中に合計九五の蔵屋敷があったとされるが、その半分近くが中之島に集中していたのだ。

それにしても、なぜ中之島だったのか?

理由は、中之島が水運に非常に便利な場所だったからだ。現代でこそ中之島は大阪の中枢エリアだが、当時は海と町のちょうど接点に位置した。そもそも蔵屋敷とは、諸藩の国許《くにもと》から送られた年貢米を収納し、市場で換金するための施設で、江戸時代には当時の有力商人が運営管理を委託されていた。

つまり、諸藩からの物資を運び込み、保存する施設なので、水運に便利な場所が選ばれたのだ。さらに敷地内に船入堀《ふないりぼり》をつくれば、簡単に邸内まで産物が届くという条件も備えていた。

しかも、中之島は江戸時代初期に新しく開発された場所なので、蔵屋敷のような大きな敷地が必要な施設をつくるうえで障害が少なかった。また、蔵屋敷は米穀の出納期のわずかな期間だけしか賑わいがなく、平素は静まり返っているために、町中に設けることを大坂の人々が嫌ったという理由もある。

現在、市立科学館があるあたりには広島藩、リーガロイヤルホテルの場所には高松藩、関電ビルは福岡藩、朝日新聞ビルは宇和島藩の蔵屋敷があった。古地図を手に中之島を歩いてみると、江戸時代の蔵屋敷が並ぶ光景が目に浮かんでくるかのようである。

土佐藩の蔵屋敷だけが長堀川沿いに置かれたのはなぜ？——鰹座橋・土佐稲荷神社

前述したように、江戸時代には、全国各藩の蔵屋敷が大坂に置かれていた。これは藩でとれた米や特産物を集積し、天下の台所たる大坂で売りさばくためで、当時の物流の中心が水運だったことから、蔵屋敷は中之島や堂島などの川沿いに集中し、なかでも中之島には四〇軒を超えるほどの蔵屋敷が集中して軒を連ねていた。

ところが不思議なことに、土佐藩の蔵屋敷だけは中之島から一キロメートルほど南へ離れた長堀川沿いの立売堀《いたちぼり》に置かれていた。いったいどんな理由があ

『摂津名所図会』に描かれた長堀材木座（国立国会図書館所蔵）

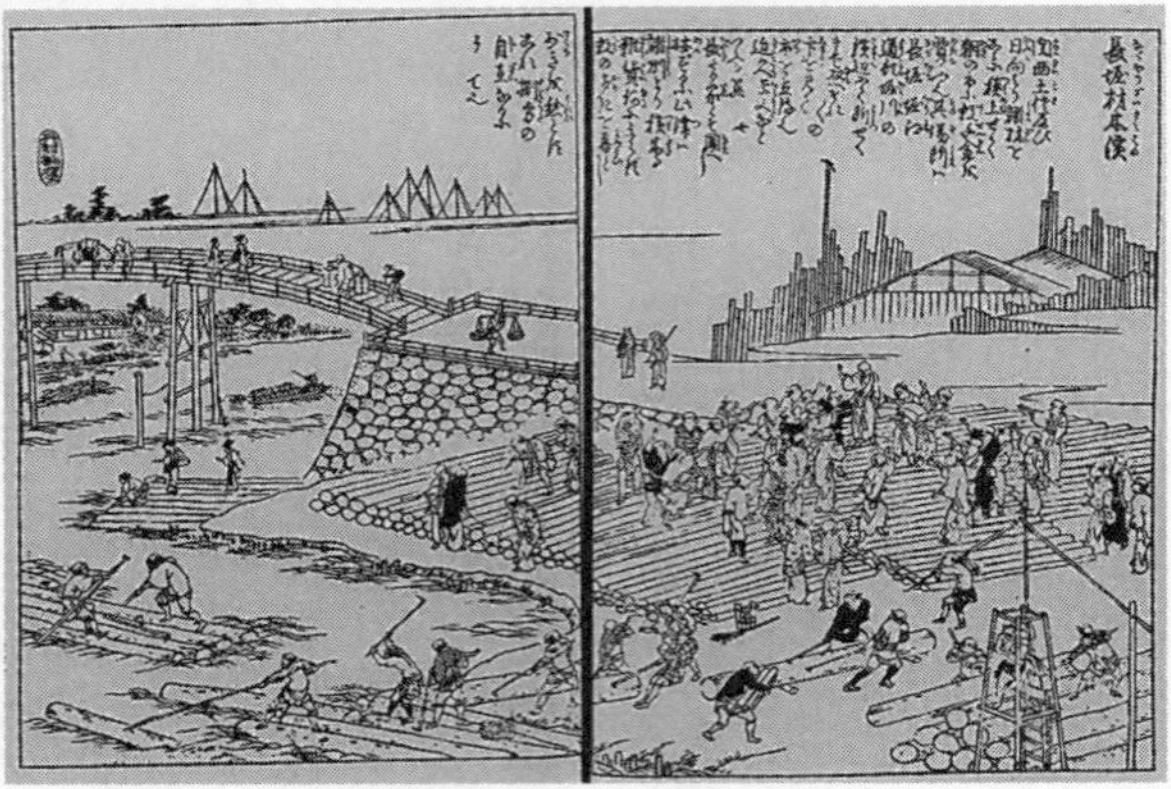

ったのだろうか。

これは、江戸時代初期に、大坂で膨大な量の材木が必要とされたことに端を発している。

慶長二〇年（一六一五）、豊臣家の滅亡と同時に大坂城は焼失し、城下町までが壊滅状態となった。それを再建するため、各所で大規模な建築工事が行なわれることになったのだが、これを商機と見た土佐藩は、幕府の許可を得て材木市場を開いた。そして、土佐で伐採《ばっさい》した材木を大坂に送り込んではセリに出し、さかんに売買をした。

この材木市場が置かれたのが立売堀であったため、土佐藩は蔵屋敷を市場に近い長堀川沿いに置いたのである。

寛政年間（一七八九〜一八〇二）に制作された『摂津名所図会』には、筏《いかだ》に組まれて運び込まれ、陸揚げされる材木や、賑やかなセリの様子が描かれている。ここでは、市場が開かれた経緯から土佐藩に敬意を払って、土佐藩の「御材木」でセリを始めるのが慣例で、午前中には終わるセリながら、一日で数千両もの大金が動く取引が連日行なわれていたという。

長堀川には、かつて「白髪橋《しらがばし》」という橋が架かっており、後世にも長堀通り沿いの地名として残ったが、この名は高知の白髪山で伐採された材木が大量に運ばれてきたことにちなんでいるという。

また、交差点名として残った「鰹座橋《かつおざばし》」は、土佐の鰹節商人がこの周辺に集まっていたことから名づけられたという。

立売堀の材木市場は明治時代後期に廃止となったが、その後の立売堀は機械製品、金属製品の問屋街として発展し現代に至っている。ビルのひしめく長堀通の南には土佐公園があり、その隣に建つ土佐稲荷神社は、かつての土佐藩蔵屋敷の鎮守社《ちんじゆしや》である。

こうして土佐藩の先見の明は、「地名」となってその名残をとどめている。

青物市場が、京橋から市中の外れに移された理由——天満

天満《てんま》の青物市といえば、江戸時代には、堂島の米市、雑喉場《ざこば》の魚市と並んで、大坂の三大市場の一つに数えられ、大坂で唯一の八百屋物市場として幕府の手厚い保護を受けて繁栄した。

天満とは、天神様を祀《まつ》って町の中核となっている大阪天満宮にちなんだ地名である。だが、もともとこの一帯は大坂湾に面して、葦《あし》や芒《すすき》が生い茂る荒涼とした場所で、中津川、淀川、大川、曽根崎川に囲まれた中島の東南に位置していることから、一般には南中島とよばれていた。

大坂市中とは見なされていなかった天満だが、豊臣秀吉の時代から天満宮の門前町として発展し、さらに秀吉が天満堀川を開削してここを城下町に取り込む方針をとったため市街化したのである。大坂落城の際には、天満の町も被害を受けたものの、江戸期の復興によって整備拡充した。

天満界隈

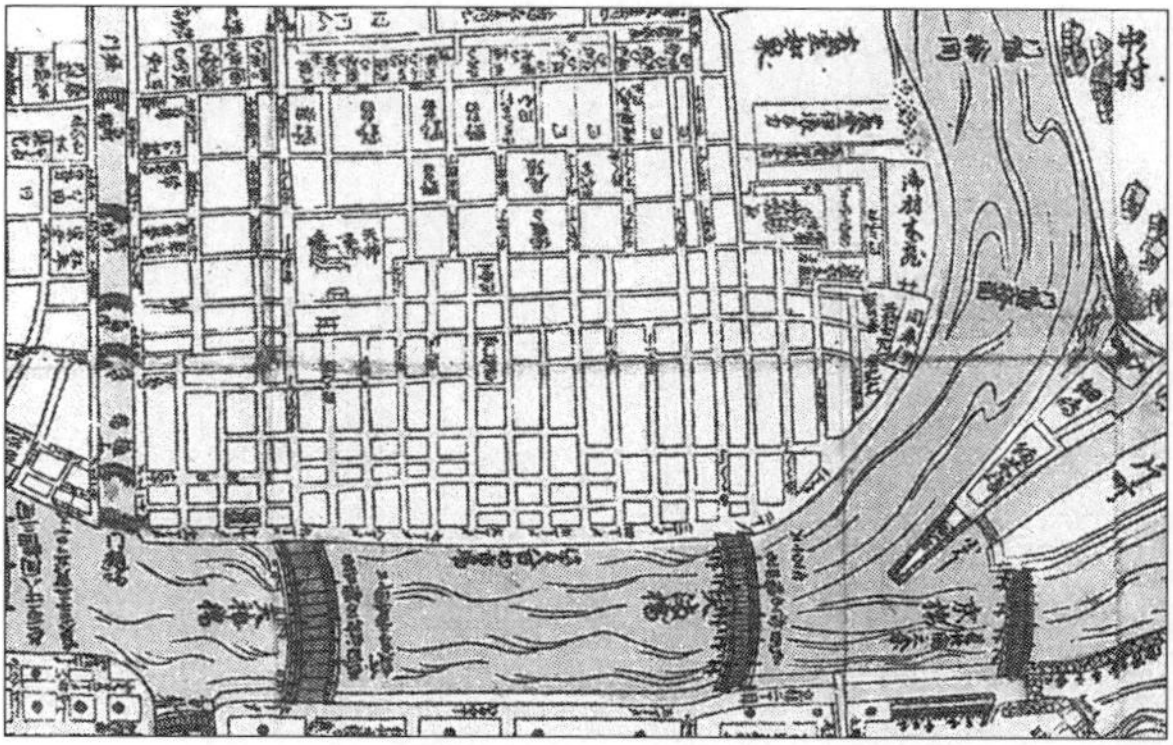

『新撰増補大坂大絵図』(『大阪古地図集成』)

天満に青物市が立つようになったのは、承応《じょうおう》二年（一六五三）からのことである。それまでの青物市は大坂城に近い京橋の南詰めにあったのだが、ここでは魚市や綿市なども開かれていたため、市場の分離を求める声が上がった。また場所も京街道の入り口にあたるため人馬の往来が激しすぎて商売には適せず、城の近くが混雑するのは好ましくないなどの理由で、それぞれの市が移転し、青物市は天満に立つこととなったのである。

天満の青物市では大坂近郊の農村のみならず、畿内一帯や西国で栽培された生鮮野菜と果物が運び込まれ、売買された。

天満は、上方一帯に通じる川舟の運輸ルートと、大坂市内の川筋を行き来する小舟のルートをつなぐ接点であった。しかも京街道口ともほどよい距離にあったため、水運と陸運を結ぶ大坂東口の交通の要衝をなしていたのだ。さらには、近郊の中島郷一帯が、大規模な蔬菜《そさい》の産地だという地の利もあった。

江戸末期の画家・松山半山の『天満青物市場の図』にあるように、青物市場の移転によって、天神橋の北詰めから天満橋北詰めにかけて、問屋や仲買商が軒を連ねるようになり、町全体が大きくなった。青物市場では、江戸時代のみならず、明治・大正期を経て、大坂中央卸売市場が設立される昭和六年（一九三一）まで、盛んに取引が行なわれたのである。

奉行所を二か所に分けて月番制にしたのはなぜ？——東町奉行所と西町奉行所

町奉行といえば、江戸の北町奉行《ぶぎょう》と南町奉行が思い浮かぶだろう。じつは大坂の町にも町奉行所が東・西二か所置かれていた。ただし、『天保新改摂州大《てんぽうしんかいせっしゅうおお》阪全図《さかぜんず》』など江戸時代の古地図を見ると、東、西といっても実際は南北で、東は京橋口門外、西は上町《うえまち》台地を西へ下った東横堀沿いに設けられていた。

そもそも奉行所とは、現在でいう内閣のような役割を果たす老中の下において市政を統括する組織で、江戸だけでなく、京都や大坂など重要な幕府直轄地に設置された役所である。

大坂町奉行は、元和五年（一六一九）に大坂三郷と畿内・西国を支配する遠国奉行の一つとして配されたもので、治安・警察・裁判の三役を兼ねる施設として機能した。長である大坂町奉行は、一五〇〇石高の格式をもつ旗本から選ばれて江戸から赴任し、六〇〇石の役料が支払われた。東西それぞれの奉行所に、与力《よりき》三〇騎、同心五〇人が配属されたが、こちらは大坂に在住し世襲制だった。

じつは奉行所が二か所あるといっても管轄範囲を分けていたわけではない。ひと月ごとの交代制で月番制をとっていた。

これは月番にあたる奉行所が新規の公事、訴訟を引き受け、もう一方は非番で月番のときに担当した事件の処理に当たった。また、時には二つの町奉行が協議して幕府老中に伺《うかが》いを出すこともあった。

このようにあえて二か所に設けたのは、奉行という大きな権限を一人に集中せず、あえて分担させることで互いに牽制《けんせい》させるという狙いがあった。

なお、大政奉還《たいせいほうかん》の前年にあたる慶応二年（一八六六）には、東町奉行所のみに集約された。西町奉行所はひと足先になくなってしまったが、一九世紀の『大坂西奉行所図』という詳しい間取り図が残されている。一方、東町奉行所は、大阪合同庁舎南庭に東町奉行所の碑が残されている。

三大市場の一つ、雑喉場魚市場はいったいどんなところだった？ ―― 鷺島

豊臣秀吉が大坂の町を城下町として整備したとき、次々と運河が掘削され、東横堀川、西横堀川、天満堀川などが拓かれた。江戸時代になると、秀吉時代の運河に加えて道頓堀川などが開削され、さらに水路の整備が進んだ。

江戸時代、大坂は商業が盛んで「天下の台所」とよばれていたが、これを支えていたのは、縦横に張り巡らされた運河であった。

雑喉場（地図中央左に「川魚市バ」とある）

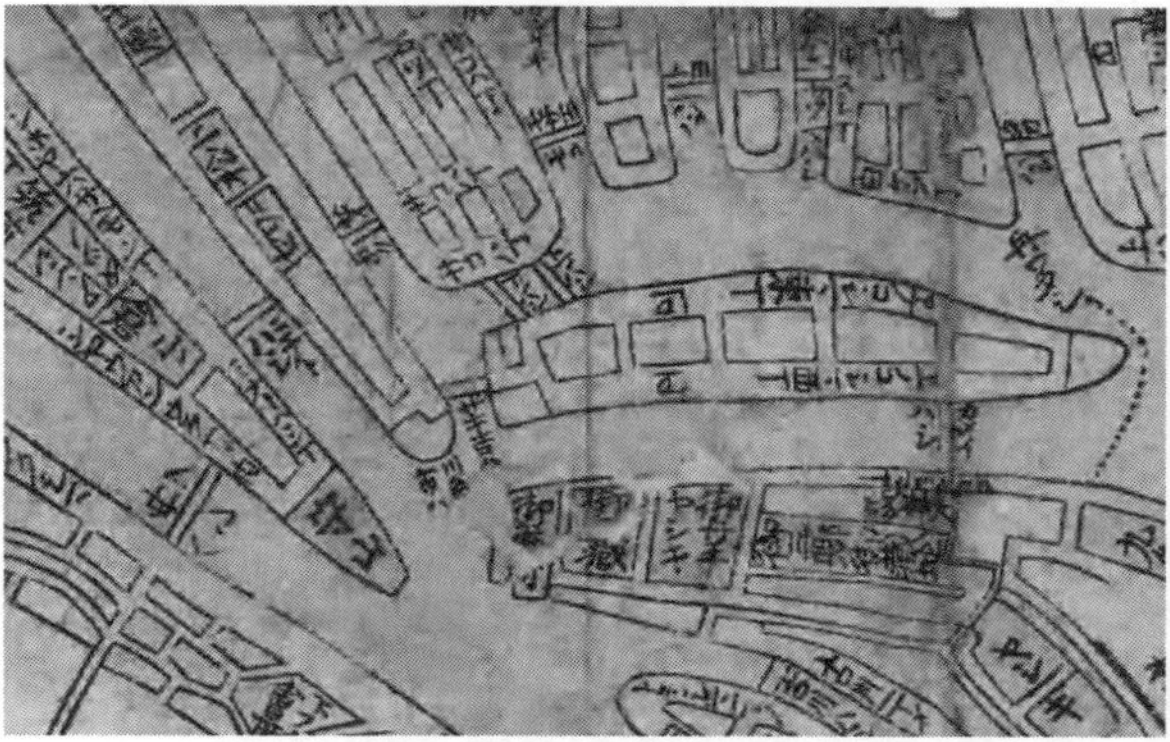

『大阪絵図（寛政元年／播磨屋九兵衛）』国立国会図書館所蔵

江戸時代の『河絵図』を見ると、まさしく当時の大坂は「水の都」の様相を呈していたことがわかる。大坂には大坂以西の西国諸藩より貨物輸送船が集まってくるため、ここで各商品を扱う市場が立つようになった。大坂の市場で取引された米や各地の特産品が、大坂商人に買い付けられ、それらが江戸へと運ばれていった。

大坂市場のなかでも三大市場といわれたのが、米市場と青物（野菜や果物）市場、雑喉場《ざこば》魚市場である。雑喉場魚市場は、文字どおり魚の市場である。慶長二年（一五九七）、靭町《うつぼまち》（現在の西区靭本町）にあったが、元和四年（一六一八）に上魚屋町《かみうおやまち》（現在の中央区安土町）に移転した。

ところが、上魚屋町は河口域から遠く、漁船の出入りには不便だったため、最終的には水運のよい鷺島《さぎしま》に置かれた。鷺島の雑喉場魚市場には、大坂湾からだけでなく、安芸《あき》や備前《びぜん》・備後《びんご》などの瀬戸内や、伊勢や志摩、さらには九州や四国からも魚が水揚げされた。

魚を売りさばくセリは大変な賑わいで、諸国から集まる季節の魚と、その魚を競るセリ人の姿をひと目見たいと多くの見物人も集まった。

当時は、一口に魚市場といっても、鮮魚と塩干魚を扱う市場は分かれており、雑喉場魚市場は鮮魚の市場だった。

江戸時代以降、明治、大正時代を経て、昭和の時代初めまでこの雑喉場魚市場は続いたが、昭和六年（一九三一）、その歴史を閉じることとなった。

では、その後、大阪の魚市場はどうなったのかというと、大阪市中央卸売市場が引き継いだのである。じつは、雑喉場魚市場があった場所は、現在の大阪市中央卸売市場である。敷地内を散策すれば、雑喉場魚市場跡の記念碑が見つかるはずだ。

当時の世界地図に「国」として記された自治都市の歴史とは？——堺

堺といえば港町であり、ここから大和、奈良、紀伊地方へ陸路が通じる交通の要でもあったため、堺の港に陸揚げされた品々が、ここから陸路で各地へと運ばれていった。いわば海上交通と陸上交通を結ぶターミナルのような存在だった。

中世初期に漁港として記録に現れた堺には、やがて、陸揚げされた品々を一時保管する倉庫が立ち並び、それぞれの品を買い付ける商人が集まり、大きな町として発展していく。堺の町はこの貿易で富を築いたたくさんの豪商を輩出し、圧倒的な経済力を背景に自治都市へと成長したのである。

堺をさらに発展させたのは、応仁元年（一四六七）から文明九年（一四七七）まで続いた応仁・文明の乱と、天下統一を目指す織田信長だった。

応仁・文明の乱により、それまで大陸の明からの船が瀬戸内海を通って入港していた兵庫の港が大内氏の勢力下となった。こうなるとこのルートを使いたくても、大内氏と敵対する室町幕府の船や管領《かんれい》細川氏の船は兵庫港を使うことができなくなってしまう。

そこで彼らは、瀬戸内ルートを捨て南九州から土佐の沖合を通り、紀伊水道を通って堺へと向かう南海ルートを開拓した。そのため、堺は大陸からの船がやってくる貿易港へと発展することができたのである。

そうした堺の価値を見抜いたのが織田信長である。信長は堺を優遇する代わりに、堺の商人に海外からの鉄砲や火薬の調達を依頼した。堺にはマカオを経由してムガル帝国で産出される、火薬の調合に必要な硝石《しょうせき》が輸入されていた。これが信長をほかの大名よりも優位に立たせる要因の一つとなる。

この方針は、豊臣秀吉にも受け継がれ、堺は貿易港として大いに発展するのだが、驚くべきは、こうした堺港の存在が、日本だけではなくヨーロッパまで伝わっていた点である。その証拠を一五九五年に刊行された世界地図帳『世界の舞台』に見ることができる。これは、フランドルのアブラハム・オルテリウスが刊行したものだが、ここにイエズス会士ルイス・テイセラが制作した日本地図も載っている。正確性にかけるものの、ヨーロッパ製の地図に日本が描かれた最古のものとされている。

ここで注目してほしいのが、この日本地図に記された地名である。和泉《いずみ》（Hizumi）、播磨《はりま》（Farima）などの国名が記されているなかに、堺は「sacay」と記されている。一都市が国と同等の扱いなのだ。堺のほか記された都市は京都のみ。こちらは天皇の在所だから、当然といえば当然である。つまり堺は、近世において一国に匹敵する存在として、ヨーロッパにも知られていたのである。

数々の伝説に彩られた日本最古の遊里はいかに誕生したのか？——江口

大阪市東淀川区にある江口《えぐち》は、遊女にまつわるさまざまな逸話に彩られている。その一つに平安時代後期の和歌の名手として名高い西行法師に関する伝説がある。それは西行《さいぎょう》法師が天王寺詣での際、江口の地である遊女の家に一夜の宿を借りようとしたときのこと。遊女が丁重に断ったので、西行は一晩くらい泊めてくれてもいいだろうに、という趣旨の歌を詠んだ。それに対し遊女は、あなたは世を捨てた身だからこそ仮の宿を心配してはいけません、という返歌を詠んだのである。

その仏教的見識を含んだ見事な返歌に西行は、たじたじとなったというのだ。慢心した西行が東国の子供に歌を詠んだところ、見事な返歌を詠まれ、恥じいって西国に引き返すという伝説が、東国を中心にいくつか伝わるが、江口の場合は、西行をやり込める役が遊女なのである。

また平安時代には、時の最高権力者であった藤原道長が船で江口を通りかかった際、川岸から大勢の遊女が顔を覗かせ歌曲を奏《かな》でたので、その褒美《ほうび》として米一〇〇万石を与えたと伝わる。また、のちに道長の娘で後一条天皇の母である彰子《しょうし》が、関白・藤原頼通《よりみち》、教通《のりみち》兄弟とともに住吉大社に参詣《さんけい》するため淀川を下った際にも、江口で着飾った遊女たちが小舟に乗って現れ、歌曲を奏でて出迎えたという話も残っている。

これらの伝説が物語るように、平安時代から中世にかけての江口には遊女が大勢いた。なぜなら江口こそ、日本最古で最大の遊里であったのである。

それは交通の要衝であり、人の往来が多かったからだ。

江口は弘化四年（一八四七）の『淀河筋図』では、地図の中央部、淀川と神崎川の合流点に位置している。

だが、古代にはこの二つの川は交わっておらず、延暦《えんりやく》四年（七八五）に桓武《かんむ》天皇の命令を受けた和気清麻呂《わけのきよまろ》が、淀川と神崎川を結ぶ工事を行ない、水路でつなげた。以来、両川の合流点となった江口は、山陽道と西海道との分岐点であったこともあって交通の要衝として栄え、自然と遊女が集まってきたのである。しかし、江口は平清盛が進める日宋貿易によって兵庫方面に人を奪われ、さらに鎌倉幕府が交通幹線から外したために次第に寂れていった。

いまや江口は、ウォーターフロントの住宅街へと姿を変え、伝説のみにしかその名残をうかがうことはできない。

中世以前の淀川河口域は、島だらけだった？　西淀川区

水都大阪ともよばれ、古来より海運が物流の動脈となってきた大阪。多くの堀が縦横に走り、水都として発達した背景には、大阪の成り立ちが深く関係し

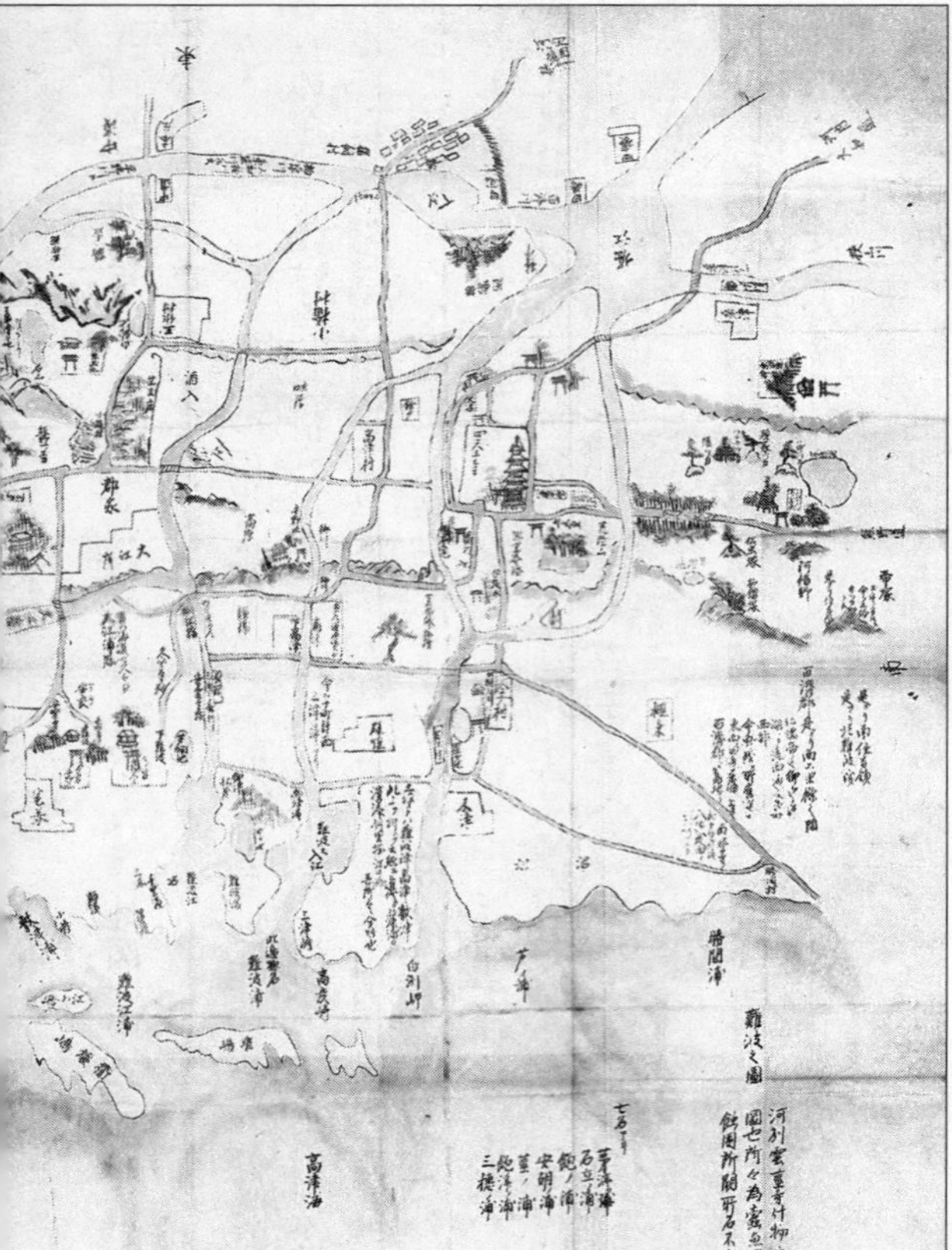

『難波往古図』に描かれた大坂と淀川河口の島々

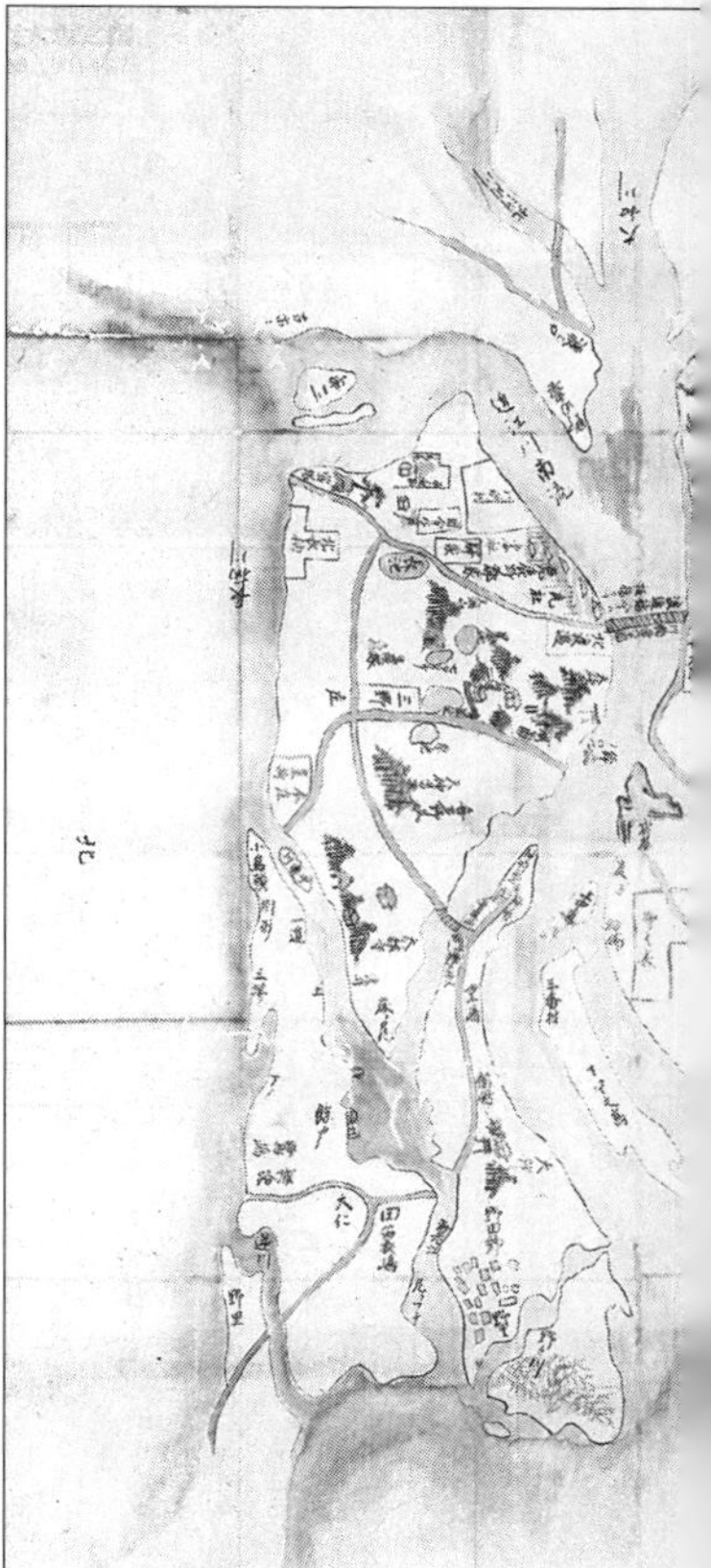

（『大阪古地図集成』）

ている。

じつは太古の河内では、大阪湾が東の生《い》駒《こま》山《さん》麓《ろく》や西の六甲山脈まで入り込んでいた。やがて長い歳月をかけて川が運んだ土砂が河口に堆積《たいせき》した結果、河内一帯は、大小多数の島や洲が点在する姿となった。ゆえにかつて大阪は「八十《やそ》島《しま》」とよばれていたという。

中世以前の大阪を描いた『難波往古図』を見ると、とくに淀川河口は島が点在している様子がわかり、上町台地の起伏も見られない。のちに島々を基礎に、土を高く積んで埋め立て、現在のような市街地が形成されていった。

じつはこうした八十島の面影は大阪の随所に見いだすことができる。西淀川区の地名には、歌島、竹島、出来島《できじま》、中島、御幣島《みてじま》など島の名前が多いのはその名残といえる。

また、その固有の儀礼や信仰からもうかがい知ることができる。大阪湾岸で最も古いお祭りといわれる皇位継承儀礼である八十島祭り。新天皇が即位すると、その翌年、宮中の神殿に仕える女官が淀川流域の島々で、天皇の御衣《ぎょい》を難波の海に向かって振るという神事である。難波八十島を日本の国土である大八洲《おおやしま》に見立て、島の霊を招きよせて新たな天皇の即位を寿《ことほ》いだものとされる。

また八十島の島々に祀られた神様の多くは、やはり水と関わりがある。川筋を祭礼の場とする天満天神や海の神である住吉神を祀っている。いまや、多くの川が埋め立てられてしまったが、大阪の原風景は信仰というかたちで受け継がれているのだ。

第二章

歴史の転機となった地を歩く――

「日本の中心」としての「大坂」を再発見する

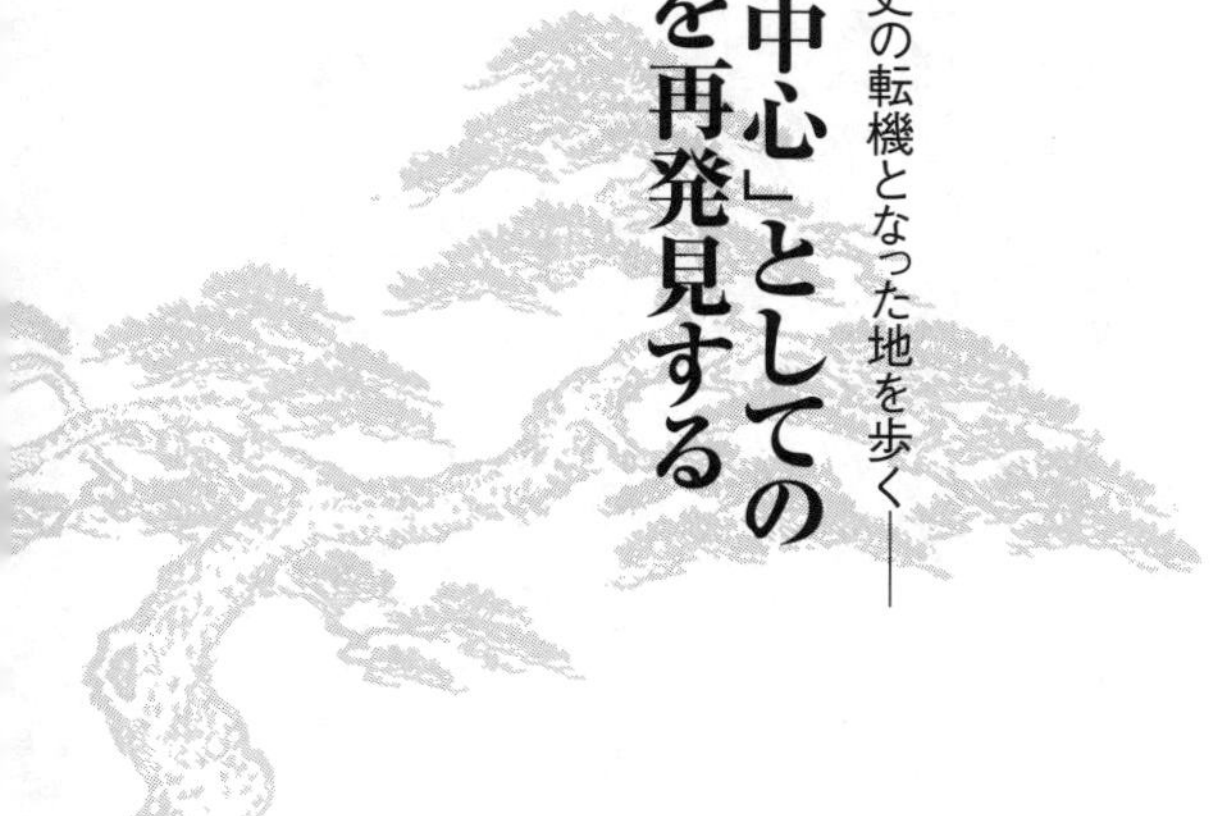

砲台に由来する「お台場」は東京だけでなく大阪にもあった！

楠葉台場

お台場といえば、誰しも東京のベイエリアにある人気の観光スポットを想像するだろう。だがじつは、大阪にもお台場が存在したことをご存じだろうか。

そもそも「お台場」という名称は、幕末に外国船の襲来に備え、幕府が築いた「砲台」に由来する。東京のお台場も、東京湾にいくつか人工島を設けて大砲を設置した海上砲台にちなんで名づけられている。

ペリー来航後、将軍のいる江戸を守るために、台場設置の作業は急ピッチで進められた。一方、大坂は当初、大阪湾が内海だから外国船は進入してこないと楽観視され、建設は予定されていなかった。

しかし、嘉永《かえい》七年（一八五四）九月、ロシアのプチャーチンが乗る軍艦が天保山《てんぽうざん》沖に停泊する事件があり、これにあわてた幕府は大坂湾一帯と紀淡《きたん》海峡付近の各地に台場を築くことにしたのである。

そこで、湾入口の紀淡海峡と明石《あかし》海峡、大阪湾内、京都への進入口となる内陸部の淀川筋という三段構えの防備が計画された。内陸部の台場は全国でもここだけであったが、京都守護職だった会津藩主・松平容保《かたもり》が、外国船の京都への侵入を防ぐために必要であると幕府に進言して実現したという。勝海舟が指揮をとって、淀川南岸に楠葉《くずは》、北岸に梶原の両台場が築造された。

梶原台場は消失したが、楠葉台場は近年、京阪橋本駅から徒歩一二分のところにその場所が特定され、国史跡に指定を受け、いまは歴史公園として整備されている。発掘したところ、堀や虎口《こぐち》、火薬庫など、当時の設計図（京都府立総合資料館所蔵）どおりの遺構が残されていた。

設計図は、敷地内を京街道が通過し、中央の番所の前を通る構造になっている。

そのため、この内陸部の台場に関しては、外国船撃退のみならず尊皇攘夷派《そんのうじょういは》志士を京に入れないための関門としての役割をもっていたともいわれている。

なお、台場設置については一部未設のまま終わったところもあり、大阪城天守閣が所蔵する『大阪湾台場計画図』には、安治川《あじがわ》口から木津川《きづがわ》口にかけて、約三キロ四方もある石垣をめぐらせた巨大な台場の計画図が描かれていた。

大坂城真田丸

真田氏が築いた大坂城の一角は出丸ではなく独立の城郭だった?!

二〇一六年のNHK大河ドラマのタイトルにもなっている「真田丸《さなだまる》」。これは豊臣と徳川の最終決戦となった大坂の陣において、豊臣方に加担した真田信繁《のぶしげ》(幸村《ゆきむら》)が大坂城の南側から張り出すような形で築いた出丸と伝えられている。

豊臣秀吉によって築かれた大坂城は、当時、城の東西と北を、河や湿地帯、海など天然の要害に囲まれ、高い防御力をもっていたが、平野が広がる南側だけが唯一弱点とされていた。そのため信繁が城の東南の一画を防御する施設として急ごしらえの出丸を構築し、自ら六〇〇〇の兵とともにその守りについた。

慶長一九年(一六一四)一二月、信繁は冬の陣が始まると、城を囲む徳川方を挑発。前田利常《としつね》や井伊直孝《いいなおたか》らの軍勢が押し寄せてくると、真田丸から銃弾を浴びせ、これらを蹴散らして徳川方に大きな損害を与えた。

伝説的な大活躍が伝えられる真田丸であるが、じつはのちの伝聞や記憶をもとに簡略化した絵図がほとんどで、その実態については不明な点が多い。その

大坂城と隔てられた真田丸

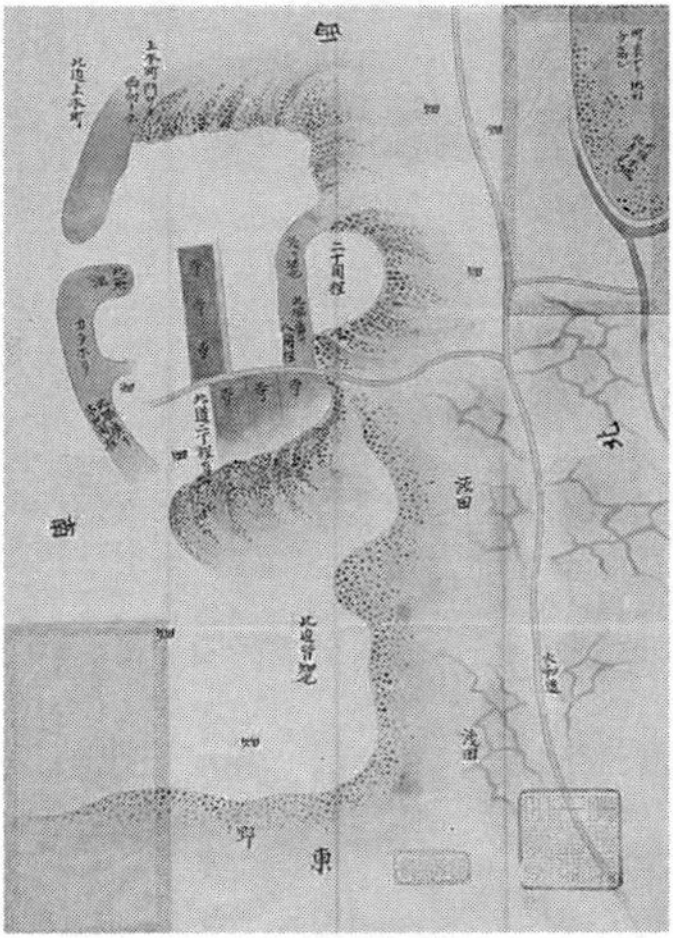

『諸国古城之図』広島市立中央図書館所蔵

規模についても約一八〇メートル四方、または南北約二二一メートル、東西約一四二メートルと諸説ある。一般に形は三日月状とされ、方形の曲《くる》輪《わ》とする説もあるものの、出丸構造という点では共通してきた。

しかし近年では、出丸という基本構造を覆《くつがえ》す説も浮上している。旧広島藩主浅野家に伝えられる『諸国古城之図』の真田丸（図の左上のあたり）では、真田丸と大坂城との間には深い谷で隔てられていることがわかる。

奈良大学学長の千田嘉博《せんだよしひろ》氏が二〇一四年に、この地域の時代ごとの等高線を再現した『古地理図』を参考に検証したところ、現在の宰相山《さいしょうやま》にあったとされる真田丸と大坂城の間には深い谷が入り組み、かなりの高低差がある断崖の様相を呈していたことが明らかになった。

つまり真田丸は、城に付随する出丸ではなく、『諸国古城之図』のように、本城たる大坂城から独立した砦だったというわけである。千田氏は、あえて孤立した砦を築いて敵をおびき寄せ、その隙に西側の他の隊が反撃を仕掛ける戦術だったのではないかと推測している。

大坂冬の陣・夏の陣の主戦場が城の南側に集中していた理由――大坂城

関ヶ原の戦いで敗北し、一大名に転落した豊臣家が滅亡したのは、慶長二〇年（一六一五）五月のことである。

その前年の一〇月、淀殿と秀頼が取り組んでいた方広寺の再建で、「国家安康君臣豊楽」という梵鐘《ぼんしょう》の銘が、徳川家を呪い、豊臣家の繁栄を願う意味だと徳川家康が難癖《なんくせ》をつけた。

追い詰められた豊臣家が挙兵すると、徳川は三〇万の兵を大坂城に送り込んだのである。これが冬の陣で、豊臣家の堅い守りに攻めあぐんだ家康はいった

北・西・東に要害を擁する大坂城（大坂冬の陣の配陣より）

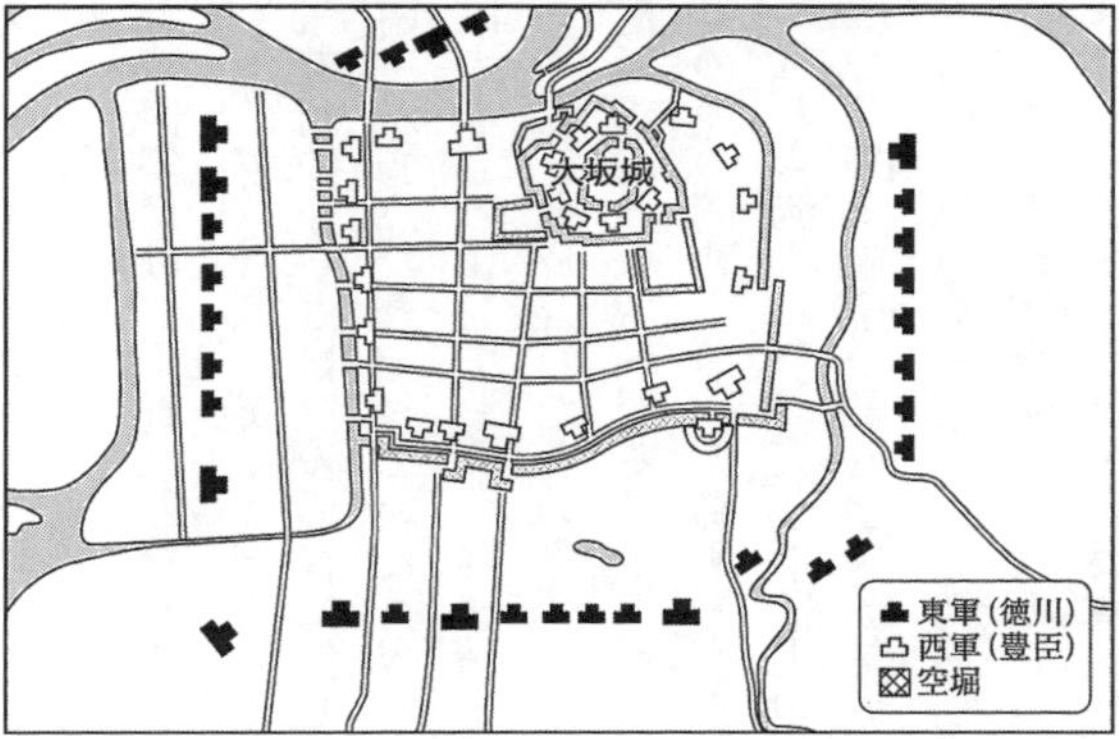

ん引き揚げ、翌年の四月に再び挙兵して、夏の陣を迎えた。この戦いで大坂城は炎上。淀殿と秀頼は自害し、ついに豊臣家は滅亡したのである。

この大坂夏の陣の様子を描いたのが『大坂夏の陣図屏風』で、大坂城を中央にして、両軍が戦う様子が描かれている。戦いは広い範囲で繰り広げられているのだが、よく見ると、なぜか大坂城の南側に戦いが集中しているのだ。

これは画家が単に、図の前面にあたる南側の戦いの様子だけを集中して描いただけなのか？

じつは、実際の記録を確認しても、夏の陣の主戦場は大坂城の南側に集中しているのである。理由は、大坂城の立地条件にある。大坂城の北・東・西側には淀川、大和川の大河とさまざまな支流があり、さらに北東は湿地帯だった。そのため南側だけが平野部となっており、徳川側はこの平野部を決戦の場所と決めていたのである。逆にいえば、豊臣側は南側さえしっかり守っていれば、他の三方向の守りは自然の要害に任せておけばよいことになる。

南方が弱点だと知っていた秀吉も、二の丸の南堀を、それまでの城郭にはない巨大なものにしており、堀普請《ほりふしん》を目の当たりにした大友宗麟《そうりん》は「まるで大河のようだ」と形容したという。

徳川軍が大坂城へ至るルートも、この立地条件が大きく左右している。夏の陣の開戦直前、大御所・家康の軍は、京都の二条城でいったん将軍・秀忠の軍と合流すると、家康軍は大和路を通って奈良方面に進み、大和郡山を経由して、国分を経て道明寺へと向かい、南方から大坂城へと進出したのだ。

一方の秀忠軍も、京都から河内街道で南下し、家康軍と同様に国分を経て道明寺で家康の軍と合流し、大坂城へ向けて北上している。つまり、大坂城の南方へ大きく迂回《うかい》してから大坂城へと向かったわけである。

断酒の聖地が誕生したきっかけは、大坂夏の陣だった?!

一心寺

昔から、灘《なだ》や伊丹《いたみ》をはじめとして近畿地方は日本酒づくりが盛んであった。大坂でも、水量豊かな猪名川《いながわ》が流れる池田において特産品「池田酒」が生産されており、やがて辛口の池田酒が世間で好まれるようになった結果、最盛期の元禄時代には伊丹酒を上回るほどの醸造量を誇るまでになった。

江戸時代、池田酒は大坂に運ばれ、そこから菱垣廻船《ひがきかいせん》や樽《たる》廻船で江戸に送られた。当時、上方から江戸に運ばれたものは「下りもの」とよばれ、珍重されていた。

同様に上方から江戸に運ばれた酒も「下り酒」と喜ばれていた。ちょうど、江戸までの運送時間で杉樽の香りが移り、しかも輸送中に揺られることで熟成し、さらに旨味が増した。

それだけ美味しい日本酒がつくられていたからには、呑兵衛も多かったし、酒での失敗も多かっただろう。しかし好きな酒をやめるのは難しい。そうした者たちがすがってきたのが、天王寺区にある一心寺《いっしんじ》。この寺は断酒祈願で有名な寺なのである。

一心寺が断酒祈願の聖地になったのには理由がある。

一心寺には、戦国武将本多忠朝《ほんだただとも》の墓と伝わる五輪塔があるからだ。忠朝は徳川四天王の一人に数えられる本多忠勝の次男であり、父と同様に勇猛で知られていた。ところが慶長二〇年（一六一五）の大坂夏の陣で、忠朝は重大な失態を犯してしまう。なんと合戦初日に、酒を飲み過ぎたせいで出遅れてしまったのだ。

その汚名を払拭《ふっしょく》するため、翌日、忠朝は先鋒《せんぽう》となって、豊臣方の武将・毛利勝永の部隊めがけて単騎で突撃した。『大坂夏の陣図屏風』にも騎乗で槍をもち奮戦する忠朝の姿が描かれている。

かくして忠朝は激戦のなかで数多くの傷を負って戦死する。今わの際《きわ》において忠朝が言い残したのが、「今後自分の墓に参る者は必ず酒嫌いになる」というものであった。

そうした酒にちなむ戦死の伝説が語り継がれるなか、現在に至るまで、一心寺には断酒を望む者が訪れ、しゃもじに祈願文を書いて忠朝の墓に奉納しているのだ。

徳川家康や真田信繁が陣を敷いた古墳の調査からわかった驚きの事実——茶臼山古墳

歴史上、信じられていたことが調べてみると違っていたということはよくあることだ。

大阪市天王寺区の天王寺公園のなかに、茶臼山古墳《ちやうすやま》がある。高さ一六メートル、南北約一一〇メートル、東西一〇〇メートルほどの規模をもつ前方後円墳である。

慶長一九年（一六一四）の大坂冬の陣では、徳川家康が本陣を置いた場所でもあり、宝暦三年（一七五三）に制作された『諸国古城図　摂津茶臼山御陣城図』には、山頂に設けられた家康の寝所や、北東麓の曲輪《くるわ》が描かれている。

昭和六一年（一九八六）に行なわれた調査では、台所の遺構が発見され、小さな竃《かまど》や金箔《きんぱく》の押された漆器《しっき》などの食器、〝念仏〟という文字の刻まれた硯《すずり》が見

摂津茶臼山御陣城図

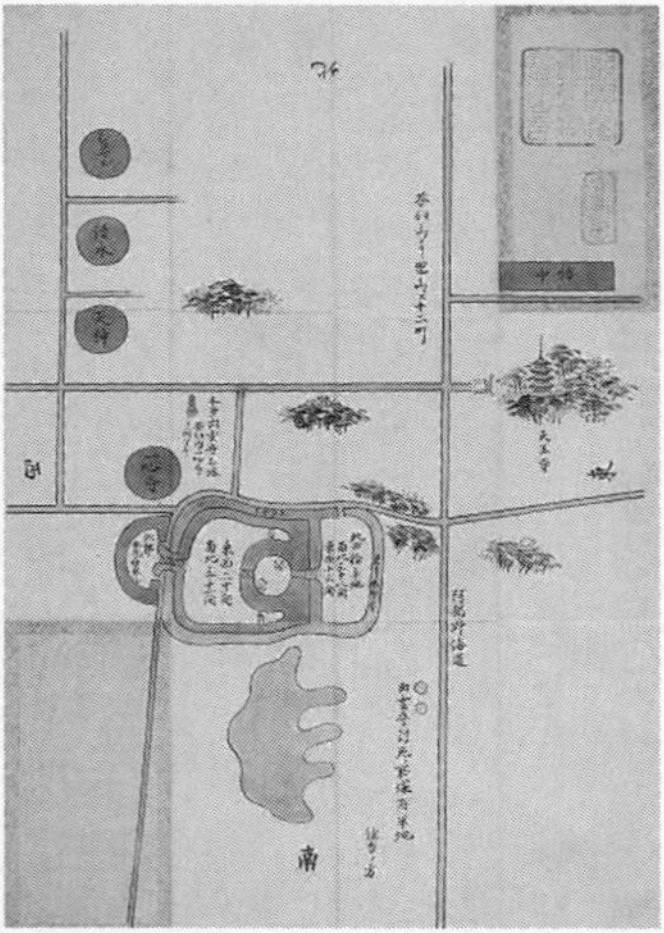

『諸国古城図』広島市中央図書館所蔵

つかっている。この台所は、家康とその近習《きんじゅ》の者専用の台所であったようだ。

家康が茶臼山に本陣を敷いた理由は、その立地にある。茶臼山の北側の、天王寺から木津への出口は、丘陵《きゅうりょう》の幅が狭くなっており、大坂城にとって重要な防御線の要衝であったのである。

その翌年の大坂夏の陣では、豊臣方の真田信繁が、決戦を前に陣取ったのも、そうした地の利を活かすためであった。

このように、軍事的にも利用価値の高かった茶臼山古墳であるが、将来、もしかすると、古墳であることが否定されるかもしれない。

なぜならば、昭和六一年（一九八六）の調査において、戦国時代の陣地の遺構は発見されたものの、肝心の古墳に欠かせない墳丘を覆う葺石《ふきいし》や埴輪《はにわ》が見つからなかったからだ。

茶臼山古墳は、もともと『日本書紀』に登場する「荒陵」と考えられ、墳丘長二〇〇メートルに及ぶ巨大前方後円墳の可能性が指摘されてきた。四天王寺境内に伝わる長持形石棺《ながもちがたせっかん》も、この古墳から運び出されたものと考えられてきたのだ。

ところが、調査をしてみると前述のように古墳からは必ず奉納されるものが発見されなかった。こうして茶臼山を古墳とする従来の説の根拠が、揺らいでしまったのである。

ただ、平安以前に土が盛られて築かれた部分は、四角い土台を築いたあとに、土台の間を埋め立てて平坦にする手の込んだ工法が用いられている。これが古墳の築造に用いられた工法と似ているのだ。

まだ古墳であるかどうか、はっきりしない状況であるが、いずれ研究が続けばその実態が判明するであろう。

日光東照宮に葬られたはずの徳川家康の墓が、なぜ堺にあるのか？——南宗寺

幼い頃今川家に人質に出されて忍耐の生活を送り、織田信長、豊臣秀吉が覇権を手にしたときもじっと時が味方するのを待ち、ついに江戸幕府を開いた徳川家康。周到な計画を練り、機を見て実行に移す慎重さで天下人となった。加えて、七五歳という長寿も天下を取らせる要因となった。

元和二年（一六一六）に没した家康の遺体は、遺言により、まず駿府《すんぷ》国の久能《くのう》山《ざん》に運ばれ、増上寺《ぞうじょうじ》で葬儀が行なわれた。「東照大権現《とうしょうだいごんげん》」の諡号《しごう》が定められ、久能山には東照宮が建てられた。

しかし、一周忌が過ぎたところで、家康の遺骸《いがい》は日光山へと移される。これが、現在の日光東照宮である。私たちが目にする荘厳な日光東照宮は、家康が東照宮に勧請《かんじょう》された後、三代将軍・家光が増築したものである。

さて、これが一般に知られる家康没後の経緯だが、なぜか堺市の南宗寺《なんしゅうじ》には「家康の墓」とされる墓石がある。家康の亡骸《なきがら》は、日光東照宮だけでなくここ南

宗寺にも分骨されたのだろうか？

じつは南宗寺には、家康の墓にまつわる驚きの言い伝えが残っている。南宗寺に伝わる話によると、私たちが教えられた家康の最期は史実ではないという。大坂夏の陣で、家康は豊臣方の武将・真田信繁の奇襲に遭い、ほうほうの体《てい》で逃げていた。

このとき、家康は駕籠《かご》に乗って逃走したのだが、大坂方の後藤又兵衛に発見されてしまう。又兵衛は「槍の又兵衛」との異名をもつ槍の名手である。家康とわかったわけではないが、その駕籠の一行が怪しいとにらんだ又兵衛は、駕籠に槍を突き刺した。このときのケガがもとで、家康は堺まで逃れたところで絶命してしまった。あるいは、戦場で流れ弾にあたり、それがもとで絶命したともいう。

そこで急遽《きゆうきよ》、家康の供の者が、家康の亡骸を密かに弔《とむら》ったのが、南宗寺の家康の墓だった。ただし家康の影武者を使ったので、歴史上は、この後も家康は生存していたことになっているのだという。

実際、南宗寺には、大坂の陣の後、二代将軍・秀忠と三代将軍・家光が、この寺を訪れたという記録が残っている。これが家康を弔うためのものだったのかは定かではない。

また、遺骸の行方についても、南宗寺の寺伝に、家康の遺骸をのちに久能山に改葬したとあり、その後の埋葬のややこしい経緯へとつながっている。

河内平野に大規模古墳を集中的につくった本当の理由――百舌鳥と古市

仁徳天皇陵とされ、日本最大の大きさを誇る大仙陵《だいせんりょう》古墳が俯瞰《ふかん》的に描かれているのが『舳松領《へのまつりょう》絵図上』。江戸時代の享保《きょうほう》一五年（一七三〇）に描かれたもので、そこには、三重の濠や堤、現存する一〇基以上の陪塚《ばいちょう》なども見える。

古代の河内平野では、百舌鳥《もず》と古市《ふるいち》の二か所で盛んに古墳の築造が行なわれた。前者には墳丘長四八六メートルの大仙陵古墳や、同三六五メートルの上石津《かみいしづ》ミサンザイ古墳、同二九〇メートルの土師《はぜ》ニサンザイ古墳と、ここでも次々に巨大古墳が築造されている。

また、後者には墳丘長四二五メートルの誉田御廟山《こんだごびょうやま》古墳や、同二八六メートルの仲津山《なかつやま》古墳などが築かれた。これらは当時の日本の支配者であったヤマト王権の大王たちの墓とされ、その強大な権力をうかがわせるものだ。

五〇〇メートル近い山のような墳墓を築くとなれば、相当の労力を要したはず。そこまでして当時の王権の支配者が巨大古墳を次々に河内平野に築いたのは、いったいなぜなのか？

もともと前方後円墳の出現は、河内ではなく三世紀末頃の大和（奈良県）地方でのこと。最古の前方後円墳とされる箸墓《はしはか》古墳は、墳丘長二七八メートルという規模で、以降、墳丘長三一〇メートルの渋谷向山《しぶたにむこうやま》古墳や、同二三四メートルの西殿塚《にしとのづか》古墳などが次々に大和盆地に築かれていった。だが、そうした巨大前方後円墳の築造は、五世紀になると、大和地方ではなく河内地方へとその中心を移している。

確かに、大和地方の勢力が手にしていた王権が、河内の勢力の手に移動したと考えることができる。

その一方で別の説も唱えられている。それが、大陸との交流の活発化にともなう説である。巨大前方後円墳の築造は、大陸からやってくる人々に日本の国の力を見せつけるためのパフォーマンスだったというのだ。

確かに、五世紀は倭《わ》の五王の中国南朝への遣使が確認されており、大陸との交流が盛んになった時代である。当然大陸から日本へやってくる人々も増加したと考えられ、そうした人々は、瀬戸内海を通って大阪湾へと至り、ここから上陸していた。当時の海岸線は、百舌鳥のすぐ近くまで迫っており、そこで大坂湾に入ると、彼らの前に巨大な墳墓が目に入るという仕掛けである。

当時、日本の支配層がこのように海外からの使者を強く意識したのは、次のような事情もあった。

三九一年、高句麗《こうくり》で広開土王《こうかいどおう》（好太王《こうたいおう》）が即位すると、朝鮮半島での南下政策をとり、領土を拡大していった。もしこのまま南下政策が進むと、次の標的は日本となる。これに対抗するために、日本の王は朝鮮半島の諸国にくわえ、中国南朝の王朝である宋との交流を頻繁に行なうようになった。そうなると、日本は強大な国力をもつことを見せつける必要に迫られてくる。そこで、その道具として使われたのが、巨大な墳墓だったというわけである。

じつは平城京よりも古い旧都が大阪につくられていた！——難波宮史跡公園

古代の日本の都が主に奈良や京都にあったことはよく知られるところだが、じつは何度か大阪にも都が構えられた。その跡地とされるのが、大阪城の手前に広がる難波宮《なにわのみや》史跡公園である。ここは難波宮が営まれた場所として、現在その遺構が復元されている。

ところが、応永二四年（一四一七）の『難波津之図』を見てみると、都らしい痕跡はまったく残っていない。いったい難波宮はどのような歴史をたどってきたのだろうか。

歴史の教科書において難波宮が最初に登場するのは、大化元年（六四五）、中《なかの》大兄皇子《おおえのおうじ》らが蘇我《そが》氏を滅ぼした乙巳《いっし》の変後のこと。大化の改新の施策の一つとして行なわれた難波遷都《せんと》の際である。当初は難波地域の既存施設を臨時の宮としたが、白雉《はくち》三年（六五二）に上町台地に難波長柄豊碕宮《なにわのながらのとよさきのみや》（前期難波宮）が完成する。

これは、大極殿の両脇に八角堂をともなうなど、従来の宮殿の形式には見られない特徴をもつ、大規模な宮殿であった。また、即位の大礼、外国使節接見など公的施設となる朝堂院が初めてつくられた宮ともいわれる。

「言葉にいい尽くせないほど立派である」と讃えられたともいわれ、改革の拠点にしようとした中大兄皇子ら改新政権を担った人々の意気込みが感じられる。しかし、前期難波宮は天武天皇の時代に一時都となるも、六八六年の火災で焼失した。

この前期難波宮の跡に、後期宮を建てたのは奈良時代の聖武《しょうむ》天皇である。聖武天皇が難波の地に遷都しようと、神亀《じんき》三年（七二六）に前期難波宮跡地に宮殿の再建を始め、天平《てんぴょう》一六年（七四四）にこの地を都と定めた。これを後期難波宮という。昭和二九年（一九五四）の調査では、この二つの宮都の跡が発見されている。

難波宮は、延暦《えんりやく》一三年（七九四）、都が平安京に遷《うつ》ると、難波が平城京としての外港としての機能を低下させたため、廃され忘れ去られていった。その後、豊臣秀吉の大坂城築城の際に難波宮の一切が埋め立てられ、戦後に発掘されるまで幻の宮となったのである。

そのため『難波津之図』のように、室町時代以降の地図には難波宮の存在はどこにも残されていないのだ。

現在、難波宮の発掘調査が進んだ結果、なんとさらに古い五世紀の建物群が発見されている。

五世紀の難波に宮を構えた天皇といえば、半ば伝説的な存在となっている仁徳天皇である。竈《かまど》の煙から庶民の困窮《こんきゅう》を察し、税を三年間免除したという伝説の聖帝である。この時代は、海のすぐ上で、平坦な立地がある上町台地に宮が設けられていたといわれ、今回の発見とも合致している。

現在、大阪城がそびえる場所に、かつてお寺が建っていた！——石山本願寺

難攻不落の城として恐れられた大坂城。大坂の陣に際し、豊臣家は天然の要害に囲まれた立地に建つこの城に籠城《ろうじょう》したが、じつはこの大坂城のある場所は、大坂の陣の約四〇年前にも熾烈《しれつ》な籠城戦が繰り広げられた場所でもあっ

た。それは戦国時代、約一〇年にもわたる戦いとなった織田信長対本願寺《ほんがんじ》一向宗《いっこうしゅう》の石山合戦《いしやまかっせん》である。

大坂の古地図『石山合戦配陣図』を見てみると、現在大阪城が建つ場所には、かつて浄土真宗本願寺派の本山石山本願寺が建っていたことがわかる。

本願寺は明応五年（一四九六）に、浄土真宗中興《ちゅうこう》の祖とよばれる本願寺八世の法主蓮如《れんにょ》が建てたのを始まりとする。

蓮如がこの地を選んだのは、当時発展を遂げていた堺に近いこともあるが、何より東に大和川、北に淀川、西に木津川の河口と、大小の河川に守られ、上町丘陵《きゅうりょう》の北端の高所という守りやすい要害の地にあったのが理由である。

蓮如の時代の本願寺は、比叡山の迫害や日蓮宗との抗争のなかで北陸や京都、河内を転々としていた。天文《てんぶん》元年（一五三二）には、当初本山と位置づけていた京都山科の本願寺が焼き討ちにされ、石山本願寺が本山となった。

その後、本願寺は一向一揆《いっこういっき》の中核として勢力を拡大し、石山本願寺も戦国大名との抗争のなかで、要塞化していく。そして、縦横が八七〇メートルの石山城を中心に、五一の支城をもつ大寺院へと成長していった。織田信長が天下統一を目指した頃には、寺地の周囲に堀を巡らし、数十の砦を設けた一大要塞と化していた。

じつは織田信長が一〇年にもわたって石山本願寺を攻め続けたのは、一向宗にこだわったのではなく、この要害の地である石山の土地を欲したからだといわれている。

上町台地は要害の地であるだけでなく、船運が行きかう要衝であり、堺への通過点にして、西国大名を討伐する最前線基地になりうる場所だったのである。皮肉なことに要害の地であることは、信長が一〇年にもわたって攻めあぐねたことで実証されている。

しかし、日に日に力をつける信長に対し、本願寺勢力は徐々に劣勢に追い込まれ、天正八年（一五八〇）になって講和が成立。本願寺側は信長に石山を明け渡し、京都に拠点を移した。

以来大坂は信長、ついで豊臣秀吉の支配地となった。現在の大阪城公園に本願寺の遺跡はないが、本願寺があったことを記念する「南無阿弥陀仏」の円柱が立てられている。

大坂城

秀吉が築いた名城の面影がまったく残されていない理由

大阪のシンボルとされる大阪城。天下統一の拠点として、豊臣秀吉が築いた城として知られ、現在本丸と二の丸、外堀を含む部分が国の特別史跡に指定されている。しかし、秀吉による建設当時の城は現在とはかなり異なっていた。

豊臣時代の城は豪華な天守をいただく本丸と山里曲輪《やまざとくるわ》を中心とし、それらを囲むように二の丸と三の丸が配された巨大な城で、さらにこれを惣構《そうがま》えが囲んでいた。

惣構えの範囲は、現在の北は大川、西は東横堀川、南は空堀《からほり》通り、東はJR環状線付近にあったと推測されているから、現在の三倍または五倍ともされる規模を誇っていたことになる。

天守の形もいまとは異なる。福岡藩黒田家に伝わる『大坂夏の陣図屏風』(江戸時代前期)を見ると、天守の壁面は黒。外壁は黒漆塗下見板《くろうるしぬりしたみいた》と黒漆喰《くろしっくい》で統一されていた。

外観も五層、内部は八階だったともいわれるが、一説によると天下一の名城たるべく一〇階だったともいわれ、天守や本丸御殿に黄金が多く用いられ錦城ともよばれた。まさしく天下人の権勢を示すにふさわしい豪壮にして絢爛《けんらん》たる城であった。

これほどまでに巨大な城郭がなぜ姿を消してしまったのだろうか。その背景には、徳川家の思惑が深く関わっている。

秀吉自身が難攻不落と豪語したという大坂城も、慶長二〇年（一六一五）の大坂夏の陣であえなく落城してしまう。すると四年後、幕府の西日本支配の拠点となすべく徳川家が再建工事に乗り出した。そこで幕府が注力したのは、豊臣家の痕跡をひたすら消すことであった。

なんと秀吉の死後、豊臣時代の大坂城は、何もかも地中に埋め尽くされ、その上に徳川幕府の大坂城が築かれたのである。つまり現在の大坂城は、堀や石垣一つに至るまですべて江戸時代かそれ以降のもので、秀吉の痕跡はすべて失われているのだ。

天守の位置も現在とは異なっており、その証に地下から秀吉が築いた城の石垣の一部が発見されている。

かくして徳川家の大坂城は一〇年後の三代将軍家光の時代に完成したが、約四〇年後に天守が落雷で焼失。それを復活させたのは、昭和六年（一九三一）のことである。文化年間（一八〇四〜一八一八）に制作された『慶長年間大坂城図』や、『大坂夏の陣図屏風』などの大坂城の図を基に天守が復興され、いまに至っている。

このように、大坂城といえば秀吉のイメージが強いものの、じつをいうと大坂城に豊臣時代の痕跡は何一つ残されていない。しかし、大坂と聞いて連想するのが、徳川家よりも秀吉と考える人が多いことを考えると、徳川幕府の目論《もくろ》見《み》は失敗に終わったといえそうだ。

秀吉が晩年に、碁盤目状の商業都市を築いた真の意図とは？

船場

船場《せんば》は大阪市の中心エリアの一つで、国際的な金融機能や業務機能などが集まった国際ビジネスゾーンである。このように発展したのは、昭和四五（一九七〇)、大阪万博の開催にともない、船場センタービルが建設されたことが大きい。ビルにはショッピング店、飲食店、オフィスなどが入り、船場の〝顔〟となったのである。

では、そもそも船場の町の礎《いしずえ》を築いたのは誰かというと、豊臣秀吉である。秀吉が船場の開発に力を入れたのは、ある思惑があったからではないかともいわれている。

本能寺の変で亡くなった織田信長の権力を引き継ぎ、秀吉が天下人となった後、石山本願寺の跡地に大坂城を築き、ここに新たな城下町を築いたのは前述のとおり。この段階では、まだ船場は誕生していなかった。

船場の開発が行なわれたのは、秀吉の晩年、慶長三年(一五九八)からである。秀吉は、自らの死が近いと覚悟したためか、大坂城の守りをさらに強固なものにしようと考えた。そこで、二の丸の外に三の丸の建設を進めたのである。このとき、二の丸の外側に曲輪を築いただけでなく、その周りに大名屋敷など家臣の邸宅を配置して、二重の守りとすることにした。

じつは当時、二の丸の外側には多くの町屋が並んでいた。そこで秀吉は、大

大坂城（右上）の西（左）に築かれた船場

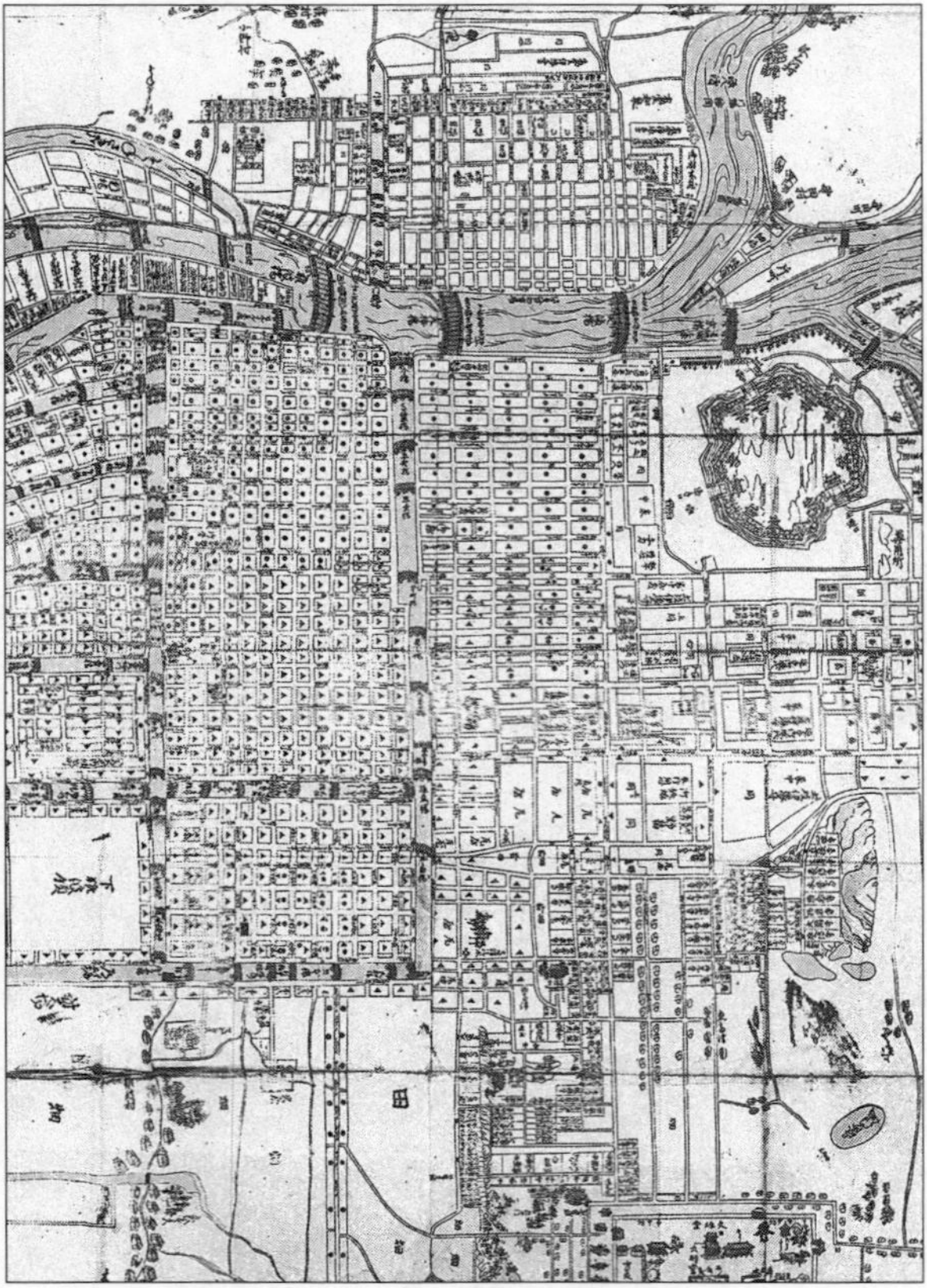

『新撰増補大坂大絵図』（『大阪古地図集成』）

名屋敷を配するために、これらの町屋を強制的に移動させたのである。その移住先として開発されたのが船場だった。

船場は大坂城の西側の砂洲を埋め立てた土地である。水運の利便性をよくするために、町の周りは川や堀で囲まれているのが特徴だ。また、一七世紀末に制作された『新撰増補大坂大絵図』を見ると、碁盤目状に整然と区割りがされているのがわかる。規模は、京間方で四〇間×四〇間の方四〇間（一辺は約七八・七メートル）だった。

折しも慶長元年（一五九六）当時は、近畿地方を慶長大地震が襲ったばかりで、伏見《ふしみ》城が倒壊するなど、畿内が壊滅状態となっていた。

大阪大学の鳴海邦碩《なるみくにひろ》教授の研究室チームによると、そうした状況から秀吉は、堺に代わる新しい港をもった商業都市を築こうとして船場の開発を指示したのではないかという。そして、地震の被害が大きかった京都に代わる都にしようとの思いもあり、京都の町にちなんだ碁盤目状の区画整理を行なったのではないかと分析している。

庶民を救うべく立ち上がった英雄は大坂のどこで反乱を起こしたのか？――大塩平八郎の乱

江戸時代に起きた下級役人の与力《よりき》だった大塩平八郎の乱、歴史の授業で習った記憶があるだろう。天保《てんぽう》八年（一八三七）二月に起きたこの乱は、規模自体は小さく、その日のうちに幕府軍に鎮圧されたが、天保の飢饉《ききん》で苦しんでいる民を助けようと、役人であり陽明学者だった大塩平八郎が起こしたということから、庶民の多くは平八郎を英雄視したといわれる。

じつは森鷗外《もりおうがい》も古地図をもとに、平八郎がどのような場所で反乱を起こし、それからどう進み、やがてどこで捕まったのかなどを著書『大塩平八郎』に著している。平八郎の足取りをたどってみよう。

平八郎は、大坂町奉行の与力であった。禄高は二〇〇石で、天満川崎に五〇〇坪の与力屋敷を与えられ、そこに住んでいた。大塩家は、もとは駿河の今川氏を先祖とする名門の家柄で、平八郎も幼い頃から学問・武芸ともに励み、学者としても、また与力としても優秀だったという。

しかし、当時は泰平の世ながら身分が固定された社会だったので、いくら優秀でも出世は望めなかった。そこで平八郎は二四～二五歳のとき、自宅内に洗心洞という私塾を開き、文政一三年（一八三〇）には三五歳で隠居。学問に没頭する。そしてこの私塾が乱の出発地となった。

天保八年二月一九日、平八郎は門弟二十数人とともに、洗心洞のある自宅に火をかけると、まずは隣家に大筒や焙烙玉《ほうろくだま》（爆弾）を打ち込んだ。さらに北上して与力町一帯に火災を起こしたのである。

そして、「救民」の旗印を先頭に難波橋を通って船場へと進攻。この頃には、平八郎の集団は三〇〇人に増えていた。反乱軍はこの船場で暴れまわり、今橋、高麗橋を渡って上町に進み、ここから東横堀川ぞいを南へと進み、平野橋へたどり着いた。

ところが、駆けつけた幕府軍と遭遇したため、反乱軍は平野橋を戻って船場へと戻る。ここで幕府軍に攻撃されて二人が死亡。これを皮切りに平八郎の集団は総崩れとなって逃亡したのだった。

こうしてみると、主要な襲撃目標が与力町と船場周辺にあったことがわかる。与力町には、町名のとおり奉行所の与力の住居が軒を連ね、一方の船場には豪商たちが店を構えていた。

今橋通りには鴻池屋《こうのいけや》、平野屋など、高麗橋通りには三井越後屋、岩城升屋などがあった。平八郎は与力と豪商の居宅を襲撃しながら、大坂を火の海に変えたのである。

この時期は、毎年の凶作で、民は飢えに苦しみ、彼らによる打ちこわしが頻発し、路上には餓死者が横たわっているようなひどい状況だった。

にもかかわらず、幕府は民の救済にはあまり積極的ではなかった。あまつさえ、大坂東町奉行の跡部《あとべ》山城守《やましろのかみ》は兵庫で米を買い占めたうえ、江戸へ送ってしまう始末だった。

そうした状況を受けて平八郎は奉行所に上申を繰り返すとともに、豪商たちに多額の義捐《ぎえん》を要請したのである。しかし、奉行所も豪商も平八郎の提案を無視した結果、ついに暴発へと至るのである。

逃走した平八郎は、靭油掛《うつぼあぶらかけ》町の染物屋美吉屋に匿《かくま》われていたが、四〇日後、幕府軍に見つかったため自害した。大坂の町は彼の反乱にともない五分の一が焼け野原となったが、平八郎を悪くいう者はいなかったという。

大坂にあった〝もう一つの自治都市〟はどのようにして誕生したのか？――平野郷

近世大坂における自治都市といえば、堺がよく知られているが、じつは大坂にはもう一つ、自治都市が存在した。それが、大阪市平野区の一部と、東住吉区の一部からなり、かつて摂津国に属した平野郷《ひらのごう》である。

宝暦一三年（一七六三）に発行された『摂州平野大絵図』には、詳細に町の様子が描かれている。それによると、町は堀でぐるりと囲まれており、町へ入るには一三ある木戸口のいずれかを通り抜けるしかなかった。

ではなぜこのような防衛機能をもつ自治都市が摂津に生まれたのか。

その理由も『摂州平野大絵図』からうかがうことができる。絵図をよく見てみると、東に大和・河内・信貴道《しぎどう》、西に住吉・堺道、南に高野道《こうや》、北に玉造《たまつくり》・天満道、大坂道と、あらゆる方向が主要な街道へと通じている。じつは平野郷は、古来、交通の要衝だったため、たびたび戦火に巻き込まれたという歴史があるのだ。

そのため平野郷の住民の間では、「自分の身は自分で守る」という意識が高まっていった。また、交通の要衝という立地を生かした商売が盛んで、豪商が多く、まちづくりの資金を自分たちで出せる経済力があったことも大きい。

慶長二〇年（一六一五）の大坂の陣の影響で平野郷も戦場となり荒廃してしまったが、江戸時代になると、徳川幕府によって復興され、融通念仏宗《ゆうずうねんぶつしゅう》本山「大《だい》念佛寺《ねんぶつじ》」の門前町として栄えた。また江戸時代には新田開発が進み、木綿の一大産地となったが、それだけでなく、交通の要衝という立地を生かして繰《く》り綿《わた》の集散地となり、問屋、綿くくり屋、綿打屋、かせ糸屋、木綿屋などが栄え、大いに繁栄した。

明治初期に町の周りを囲んでいた濠はほとんど埋められてしまい、その面影はないが、東西南北にきちんと整備されていた道筋は昔のままで、古地図のとおりに歩ける数少ない場所だ。

また、一三あった木戸口はないが、当時、各木戸口には地蔵が祀られていた。町から外へ出る人の無事の帰りを願ったり、あるいは、外から町内に災厄を持ち込まないための手段だった。この地蔵堂のうち一二はまだ残っている。

古地図片手に、こうした木戸口のあった場所を、地蔵堂を頼りに探してみるのも楽しいかもしれない。

楠木正成の活躍で有名な日本の城郭史を大きく変えた城とは？——千早城

時は鎌倉時代末期、鎌倉幕府の打倒を目論む後醍醐《ごだいご》天皇の要請に応じて挙兵した河内国の楠木正成《くすのきまさしげ》は、元弘《げんこう》二年（一三三二）、現在の南河内郡千早赤坂《ちはやあかさか》村の山間に千早城を築くと、ここに籠《こ》もって幕府軍に抵抗した。

千早城は千早川の渓谷を利用して築かれた小さな山城で、享和《きょうわ》元年（一八〇一）刊行の『河内名所図会』にあるように、東、南、西に険しい崖がそびえ、北側にある一本の細い山道でのみ金剛山に連絡するという要害の地にあった。

正成はここに深い堀を掘り、櫓《やぐら》を構え、鹿垣《ししがき》や逆茂木《さかもぎ》を立てて守りを固めると、わずか一〇〇〇人ほどの城兵で、数万にも及ぶ幕府軍を迎え撃った。

出自がはっきりせず、「悪党」とよばれた正成だが、これは幕府や荘園領主《しょうえんりょうしゅ》

『河内名所図会』に描かれた千早城（国立国会図書館所蔵）

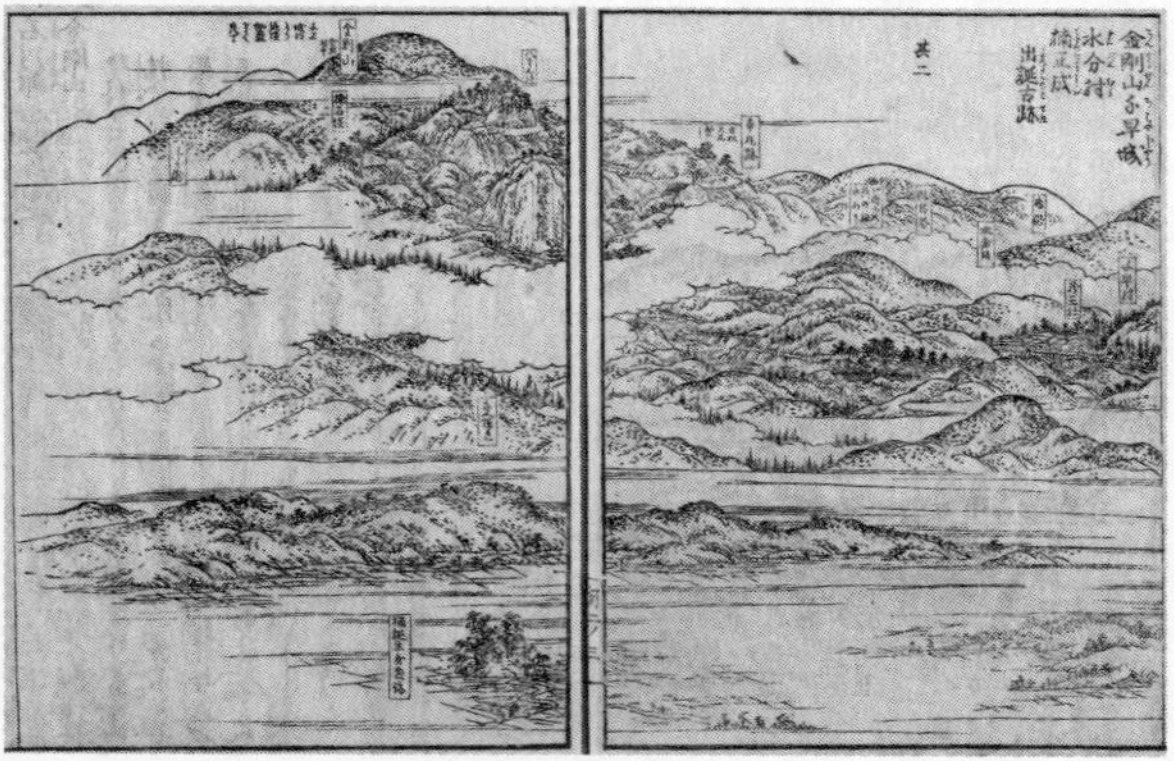

に従おうとしなかった新興勢力の武士を指す名称で、正成は仏教や朱子学などの教養も身につけていたと思われる。そして、その戦いぶりは、『太平記』に余すところなく描写されている。

千早城の小ささを侮《あなど》った幕府軍は一気に攻めかかったが、楠木軍はこれを城壁まで引きつけておいて、山上から巨材や大石を投げ落として反撃した。幕府軍の将兵は次々に谷底に転落して死傷者が続出したため、幕府軍は兵糧《ひょうろう》攻めに切り替えた。

すると正成は、藁《わら》人形に鎧《よろい》を着せて夜のうちに立てかけておき、夜明けとともに兵士たちにどっと鬨《とき》の声を上げさせて威嚇《いかく》した。動転した幕府軍は、慌てて攻めかかったが、またもや大石を落とされて大損害を被り、放った矢も藁《わら》人形に刺さってそっくり奪われるという憂《う》き目を見た。

次に幕府軍は、城の水を断って正成を降伏させようと考え、谷に数千もの兵をひそませて水汲みに来る楠木軍の兵を襲おうとした。だが正成は、他の水源を確保していたので、少しも困らない。それどころか、待ち伏せしていた幕府軍に奇襲をかけて、さんざんに打ち破ったのである。

ほかにも正成は、城壁に取りついた幕府軍に油を注ぎかけては松明《たいまつ》を投げつけて火を放ったり、分捕《ぶんど》った敵の旗や陣幕を城の前にさらして嘲笑《ちょうしょう》したりと、それまでの戦では考えられもしなかった奇策を次々に繰り出し、見事に幕府軍を退けたのである。

千早城の戦いの敗戦によって、鎌倉幕府の権威は失墜《しっつい》。ついには足利尊氏《あしかがたかうじ》や新田義貞《にったよしさだ》など有力御家人までもが幕府に反旗を翻《ひるがえ》し、元弘三年（一三三三）、鎌倉幕府は滅亡に追い込まれた。

注目すべきは、千早城の果たした役割である。確かに鎌倉幕府打倒を果たした地として衆目を集めたが、加えて千早城は「城」に対する考え方をも覆《くつがえ》す存在となった。

当時、城はまだ非日常的な存在にすぎず、急ごしらえの砦か要塞のような構造物として、戦乱が去れば不要のものとしてうち捨てられた。

しかし、千早城の戦いを通じて、城が敵の攻撃を効果的に阻むことが実証され、その活用法が見直されるようになった。千早城に拠った正成の巧みな籠城《ろうじょう》戦術の成功によって、その後は城の存在が恒常的なものとなったのである。

庭園が美しいあの城の天守閣はもともと三層か、五層か？——岸和田城

岸和田の町のシンボルの一つ岸和田城は、本丸と二の丸の石垣と堀が現存する平城《ひらじろ》で、現在鉄筋の天守がそびえている。ただ、この天守について、一つ疑問がある。それは、城の天守閣は三層と五層のどちらだったのかということだ。

現在の天守を見ると、三層になっている。ところが、正保《しょうほう》二年（一六四五）に発行された『岸和田城絵図』では、天守が五層で描かれているのだ。城の威厳

五層に描かれた岸和田城

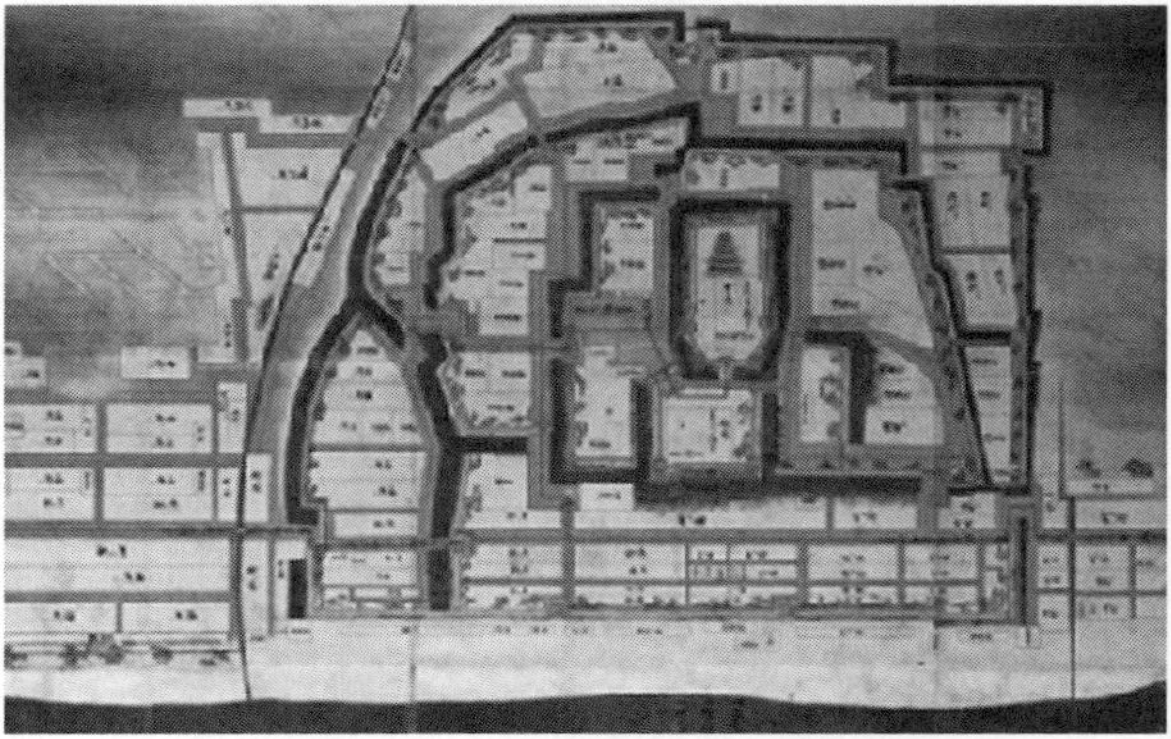

『岸和田城絵図』国立国会図書館所蔵

を出すために三層のものを五層として描いたのか？　それとも本当にこの時代は五層だったけれど、のちに何かの事情で三層と少なくなってしまったのだろうか？

　岸和田城は南北朝時代の中世頃から存在していたが、当時はまだ粗末な城だった。本格的な城としての体《てい》をなしたのは、豊臣秀吉の一族だった小出《こいで》秀《ひで》政《まさ》が配された頃からで、この秀政によって慶長二年（一五九七）、天守が完成した。当時の岸和田城は、絵図にあるとおり、五層の天守をもつ城だった。

　ところが、江戸時代の文政一〇年（一八二七）、落雷の被害に遭い、天守が焼失してしまったのである。当時の城主は岸和田藩主の岡部氏だったが、岸和田藩はいつも財政が苦しかった。そのため、焼失した天守を再建する費用を捻出《ねんしゅつ》することができず、岸和田城の天守は姿を消してしまったのである。

では、いま存在している天守がいつできたのかというと、戦後の昭和二九年（一九五四）に市民の手によって再建されたものである。どうせ再建するなら、なぜ元どおりの五層の天守閣にしなかったのかというと、こちらもまた費用が足りなかったからという、やむにやまれぬ事情だった。

本来の岸和田城の天守は五層で石垣の上部からの高さは一八間（約三二・四メートル）もあった。再建された天守は、石垣の高さが五メートル、石垣上部からの高さは鯱《しゃち》の飾りを含めて高さ約二二メートルになっている。また、この天守の内部は岸和田市の図書館となっている。

第三章

古の人々の往来を追体験して歩く——

四通八達の「交通網」に秘められたドラマを追う

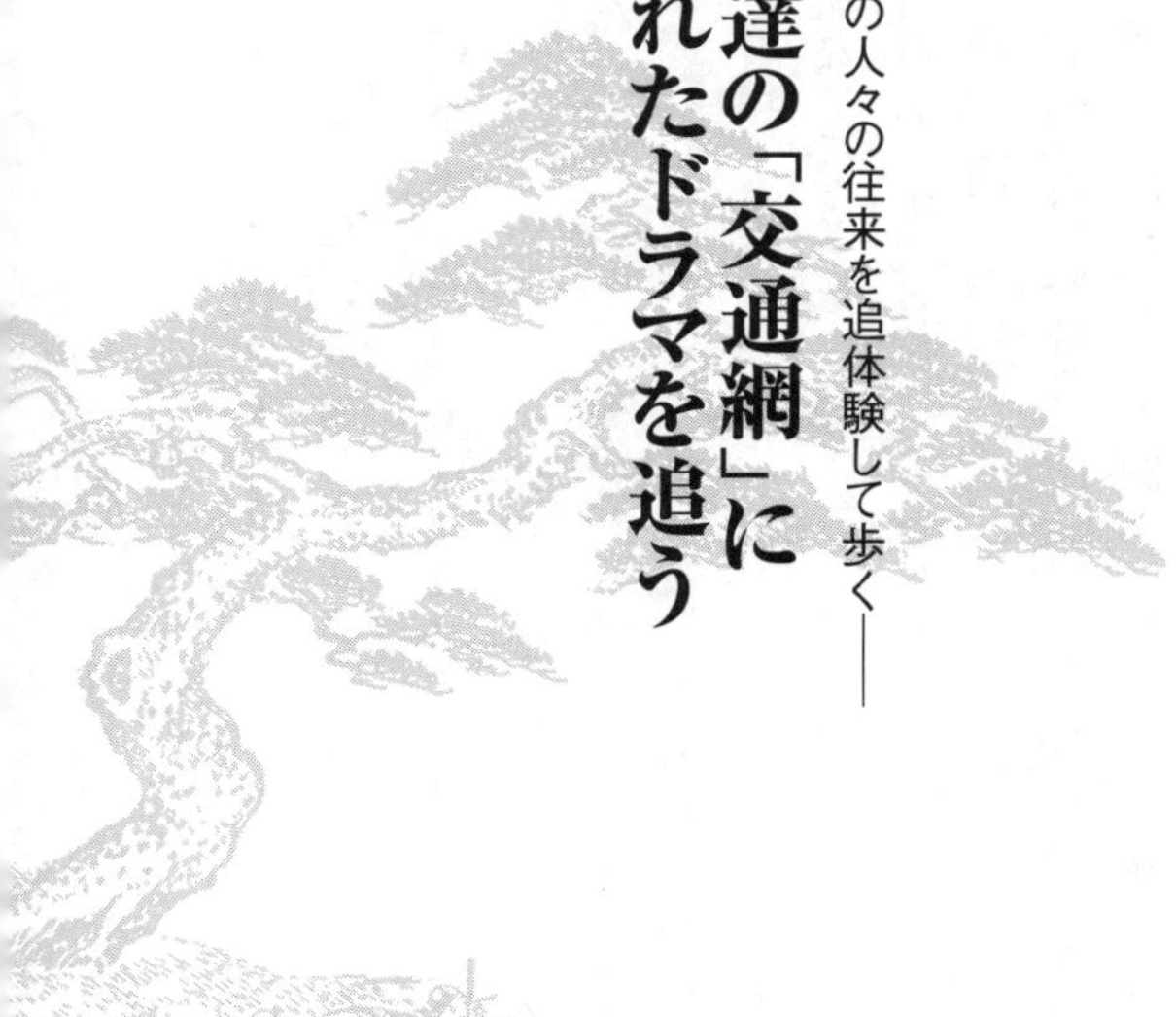

大阪を南北に貫くメインストリートはもともと幅六メートルの小道だった！——御堂筋

大阪の中心部を南北に貫く御堂筋《みどうすじ》は、阪神前交点から難波西口交点まで、全長四〇二七メートル、幅四三・六メートルの堂々たる街路で、大阪のメインストリートの一つである。

中央の四車線を挟んで左右にそれぞれ歩道と緩速《かんそく》車線をもつ主要幹線道路である一方で、日本の道百選にも選ばれ、イチョウ並木の美しさでも有名だ。

だが、これほど立派な道になったのは昭和一二年（一九三七）のこと。それまでこの道は、『元禄九年版大坂大絵図』などに見られるように、幅六メートルほどの細い道でしかなかったのである。

その歴史は豊臣秀吉が城下町を整備した頃までさかのぼることができる。その時代、大坂には東本願寺の御堂である南御堂（難波別院、現在の中央区北久太《きたきゅうた》郎町《ろうちょう》四丁目）と、西本願寺の北御堂（津村御堂、現在の中央区本町四丁目）が相次いで誕生した。

細かった御堂筋（矢印の筋）

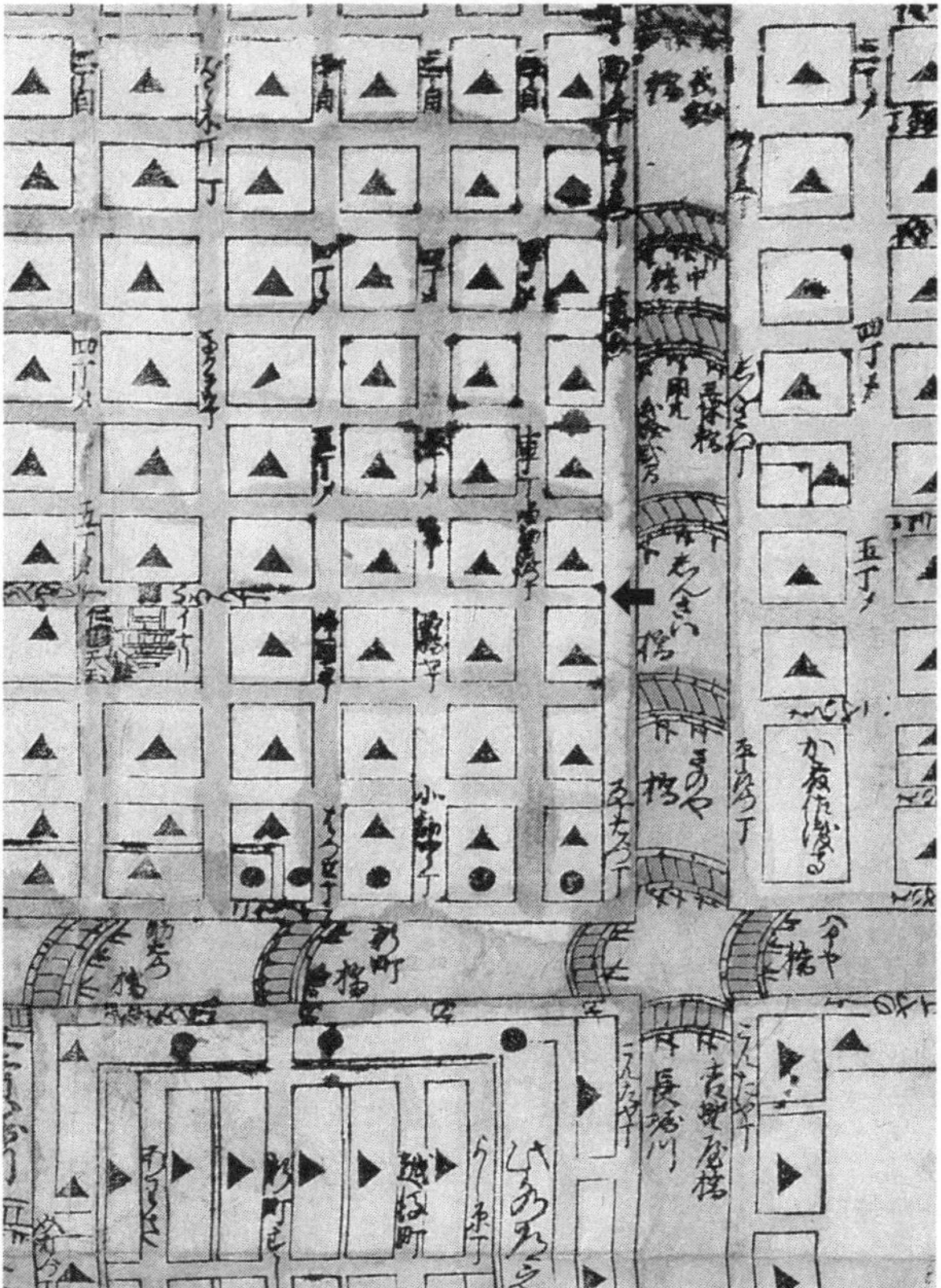

『大坂大絵図（元禄九年／林氏吉永）』国立国会図書館所蔵

この北御堂前と南御堂前を結ぶ南北の道として誕生したのが御堂筋である。

しかし、当時は大坂城へと続く東西の道が主要道路だったため、南北を結ぶ御堂筋は重要視されなかったのだ。

実際、昭和三年（一九二八）の『最新大阪市街全図』を見ると、東西を貫く道は幅広の大通りがあるが、おしなべて南北の道はほぼ細い道であることがわかる。江戸時代も御堂筋は問屋が連なる賑やかな筋ではあったが、幅が変わることはなかった。

ところが明治期に入り、梅田と難波に駅ができると事情が一変する。南北を結ぶ幹線の重要度が増したため、大正一〇年（一九二一）に御堂筋の拡張も含めた大規模な都市計画が打ち出された。

昭和五年（一九三〇）から始まった御堂筋の拡張工事は、電柱の完全地中化に加え、地下鉄御堂筋線を同時に開削するなど、当時としては類を見ない画期的で壮大な工事となった。そして工事開始から七年後に、現在のような幅広い道路が誕生したのである。

大坂のシンボルとなる橋で大正の架け替え時に起きた騒動とは？

ミナミ・戎橋

他県の人が「大阪と聞いてイメージする風景は？」と尋ねられたとき、その多くが連想するのは、道頓堀の戎橋《えびすばし》の風景だろう。テレビ番組でも、昼夜を問わない人混みや、グリコのマークとともに戎橋の姿が必ず映し出される。

近年では、ナンパの名所「ひっかけ橋」として、さらに阪神タイガース優勝やサッカー日本代表勝利の際の危険な道頓堀ダイブでも知られている。また、昭和六〇年（一九八五）の阪神優勝時のカーネル・サンダース像投げ込み事件で覚えている人もいるかもしれない。良くも悪くも戎橋は、東京・渋谷駅前スクランブル交差点とともに、イベントごとに注目される場所なのだ。

戎橋は、大阪府随一の繁華街ミナミを流れる道頓堀川に架かる橋だ。江戸時代初期に、道頓堀開削とともに架けられた古い橋である。

戎橋という名称は、『新撰増補大坂大絵図』などからわかるように、南の今《いま》宮戎《みやえびす》神社につながる参道ということからつけられた、という説もあるが定か

道頓堀に架かる戎橋（矢印）と今宮戎の参道

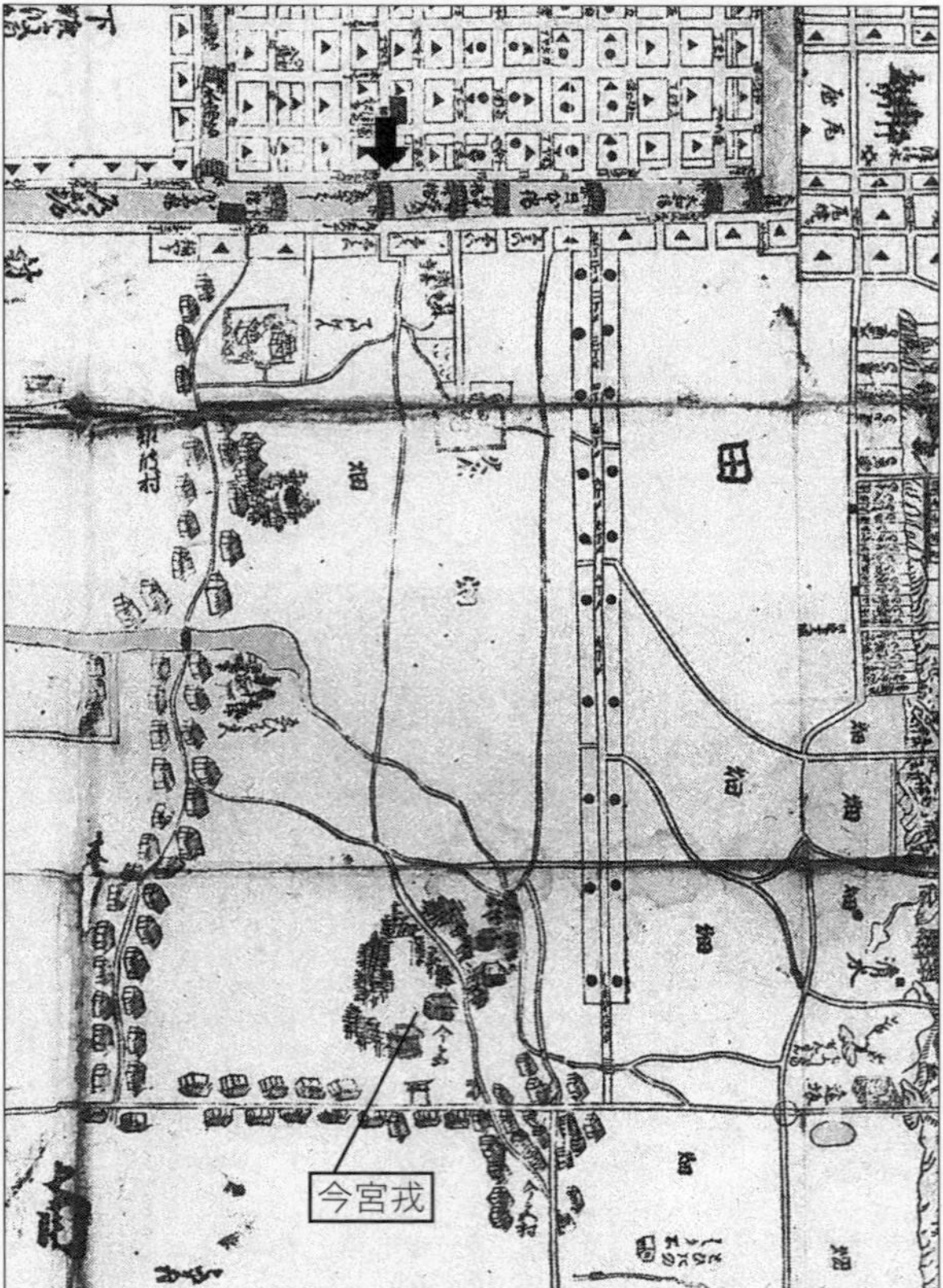

『新撰増補大坂大絵図』（『大阪古地図集成』）

ではない。元禄時代には、人形浄瑠璃《じょうるり》の芝居小屋があったので、操り人形から「操橋《あやつりばし》」ともよばれていたらしい。明治維新の直前には、戎という言葉が外国人に対する差別語と考えた江戸幕府により、一時的に「永成橋」と改名されたこともあるから、とくに決まった名称はなかったのかもしれない。

現在の戎橋は、平成一九年（二〇〇七）に新たに架け替えられたコンクリート橋であるが、その前身となるコンクリート橋の建造時、ちょっとした騒動があった。

明治時代の戎橋は明治一一年（一八七八）に架けられた鉄橋であったが、耐震化のため、大正一四年（一九二五）に架け替えることとなった。すると、とある新聞紙上で、コンクリート橋は道頓堀の景観を損ねるという批判が巻き起こったのである。

そしてその批判者は、腹いせに旧式の橋を川上にもう一度架けよう、と奇想天外な〝迷案〟を打ち出したのである。

その橋は、男女二人が並んで歩ける幅の木の橋で、渡る独り者からは橋銭を徴収、夏には橋の上に氷屋を出店する、というものであった。さすがに実現はしなかったが、それはそれで面白い橋となったかもしれない。

八軒家浜船着場——天満橋駅付近は江戸時代、京坂間を結ぶ舟運のターミナルだった！

平成二〇年（二〇〇八）、京阪電鉄天満橋《てんまばし》駅北側の大川河川敷に「八軒家浜船《はちけんやはまふな》着場《つきば》」が開港。現在、水上バスが運行している。

この天満橋駅あたりが、江戸時代、どのような様子だったかを知るには、『摂津名所図会』を見てみるといい。意外なことに、ここは船着場で、「八軒家」とよばれていた。八軒家浜船着場の開港は、まさに船着場の復活を告げる出来事だったのである。

江戸時代、大量輸送の花形は、陸運ではなく水運である。八軒家は、大坂と京都の伏見《ふしみ》間約五〇キロメートルを結ぶ航路の発着点の一つで、京都へ向かうには、八軒家から伏見へ船で渡り、伏見に上陸したのち、陸路で京都に入った。一方、京都から八軒家へ着いた客は、西へ進めば大坂の町へ、南へ行けば熊野街道へと出ることができた。つまり、八軒家は、陸運と水運をつなぐターミナルだったのだ。

八軒家と伏見を行き来していた船は関所通過の許可書を与えられた過書船《かしょせん》である。長さ約一七メートル、幅は約二・五メートルの船で、米三〇石を積める大きさだったことから「三十石船《さんじっこくぶね》」とよばれた。定員は二八名、水主《すいしゅ》四名で操った。上りは大川（淀川）の流れにさからって進むため、伏見に至るまで一日を要したが、下りは水の流れにそって進むため半日で目的地に着いた。

このことから、船賃は、上りは一四四文、一方、下りはその半額の七二文だった。三十石船の周りには、酒や食べ物を販売する船が近づいてきて、船の乗客に「酒、くらわんか」と盛んにアピールした。こうした「くらわんか船」や、川の両岸の名所の数々を船から眺められることもあって、淀川を介して船場～伏見を結ぶこの航路は旅人に人気だったという。

最盛期の享保七年（一七二二）には、往来する船の数が七四〇艘を超えたという記録からも、その賑わいぶりがうかがえる。

八軒家の名は、この船着場に八軒の船宿があったからといわれる。船に乗る人、降りてくる旅客のほか、見送りや迎えの人々が集まり、そうした客を見込んで宿だけでなく饅頭《まんじゆう》売りなどの商売人が集まり、八軒家はいつも多くの人でごった返していたのである。

しかし、明治時代になると、三十石船に代わり蒸気船が就航し、三十石船は姿を消していった。その蒸気船も大阪〜京都間で鉄道が開通すると、徐々に輸送の主役の座を奪われていったのである。

かくして、激動の二〇世紀のなかで往時の名残を伝えるものは、天満橋駅の向かいにある昆布店の軒先に建つ「八軒家船着場跡石碑」くらいになってしまう。しかしながら、八軒家の賑わいは水の都・大阪を象徴するものであるとして、船場復活を望む声は根強く、晴れて「八軒家浜船着場」が現代に蘇《よみがえ》ったのである。

廻船を大坂湾へ導いた「澪標」とは何か？——澪標住吉神社

大阪市の市章になっている、逆三角形に三つの足がついたような形はいったい何を模したものかご存じだろうか？

大阪市章

これは、澪標《みおつくし》だ。澪標とは、大坂の浅瀬の港に打たれた杭。遠くからやってきた船でも迷わないようにするために、入港の航路を示したものだ。「水脈《みお》」すなわち「水緒つ串」の意味である。とくに難波は水路が多くて迷いやすかったため、難波の澪標がよく知られている。

　澪標のデザインが市章に採用されたのは、〝水の都〟として栄えた大坂では、澪標がとても身近にあって人々に親しまれる存在であったため、町のシンボルにふさわしいと考えられたからだ。明治二七年（一八九四）のことである。

　当時、澪標がいかに活用されていたかを物語るのが、天保五年（一八三四）に制作された『大湊《おおみなと》一覧』である。

　ここには、大坂港にぞくぞくと入ってくる多くの船が描かれているが、それらの船のそばには、等間隔で並んだ澪標がある。

　大坂港には、大坂と江戸を定期的に往復する菱垣《ひがき》廻船、伊丹の酒などを積んだ樽《たる》廻船、日本海沿岸から下関を通り、瀬戸内海を通って大坂へ来る北前船《きたまえぶね》などのほか、四国からの宇和島船、九州からの肥後船、日向船など、さまざまな船が入ってきた。

元禄一一年（一六九八）には、こうした大型船の積み荷の積み下ろしや積み込みを行なう小型船である上荷船や茶船が三六二三艘も登録され、さらに宝永《ほうえい》二年（一七〇五）には、上荷船だけで四五六三艘にもなった。いかに多くの積み荷が大坂湾に集まっていたかがわかる。

こうした膨大な数の船が澪標を頼りに大坂周辺の川や海を往来していたのである。

現在では、澪標そのものは撤去されて見ることはできないが、此花《このはな》区にある澪標住吉神社の境内の入り口には、そのモニュメントが設置されている。社伝によれば、延暦二三年（八〇四）、遣唐使の航路安全を祈願して祭壇を設け、彼らを乗せた帰国船を無事に迎えるという意味を込めて澪標が建てられたのだという。澪標はじつに一〇〇〇年以上の長きにわたり航路の安全を支えた功労者であるのだ。

東海道五十三次に四宿を加えた江戸幕府の深謀遠慮とは？

「伏見」「淀」「枚方」「守口」

慶長五年（一六〇〇）の関ヶ原の戦いで勝利を収め、事実上天下の最高権力者となった徳川家康は、ただちに街道整備に取りかかった。そして、関ヶ原の戦いのわずか三か月後には、江戸と京を結ぶ東海道を定めたのである。

さらには、東海道に加えて中山道《なかせんどう》、甲州街道、奥州街道、日光街道の五街道を定めると、宿泊や人馬の継立《つぎた》てが円滑に行なえるよう、街道上の各所に宿場町を置いた。

東海道には、歌川広重《ひろしげ》の『東海道五拾三次』で知られるように、江戸から三条大橋まで五三の宿場町が置かれ、多くの人や物資が盛んに往来した。

さらに、二代将軍・徳川秀忠の時代になると、東海道は大坂まで延長され、大津と大坂の間に「伏見」「淀」「枚方《ひらかた》」「守口」の四つの宿場町が置かれた。大坂側の終点は、当初は「京橋口」だったが、後には「高麗橋」の東詰め（東端）となった。

ただし、大津を過ぎたところで東海道は京都方面と大坂方面へ分岐し、京を通って大坂へ入るわけではない。それゆえ東海道は、事実上、五七の宿場町が江戸と大坂を結んでいることになる。

だが、どうせなら最初から江戸と大坂を結んだほうがいいと幕府は考えなかったのだろうか。

また、大坂まで東海道を延ばしたものの、大坂方面から京の中心部に入ろうとしても、直進はできず、山科の手前の大津宿まで進んでから京方面へ入らなければならない。これは、不便だったはずである。

これには、幕府のある思惑が秘められている。

まず、最初から大坂まで結ばなかったのは、大坂城に豊臣秀頼とその母・淀殿がいることを警戒したためと考えられる。なぜなら、幕府が東海道を大坂まで延長したのは、慶長二〇年（一六一五）五月の大坂夏の陣で豊臣家が滅ぼされ、幕府が大坂を直轄領とした直後のことなのである。

また、大坂方面から京に直接入れないのは、大名が朝廷に接近するのを嫌ったためである。東海道は参勤交代の公道であり、西国の諸大名はここを通って江戸に向かう。だが幕府は、西国の大名に、参勤交代時には京に寄ることを禁じているのだ。

諸大名が、独自に朝廷と接触し、その権威を借りることで、幕府に反旗を翻《ひるがえ》しかねない。そのため、わざわざ京を避けるかのように、街道を延ばしたのである。

この懸念が取り越し苦労でなかったことは、幕末になって証明されることとなる。

『日本書紀』にも記された国内最古の国道の歴史とは?――国道一六六号

現在、大阪府羽曳野《はびきの》市と三重県松阪市を結んでいる国道一六六号は、かつて和泉《いずみ》国・河内国と大和国南部を結ぶ幹線道路だった。天保八年(一八三七)に制作された『天保新改攝州大阪全圖《てんぽうしんかいせつしゅうおおさかぜんず》』を見るとわかるように、河内と大和の境にある竹内峠を越えることから、「竹内街道」とよばれていた。

この呼び名は近世になってからだが、道として整備された起源はさらに古く、なんと七世紀前半の聖徳太子が活躍した時代にまでさかのぼるのだ。

『日本書紀』の推古天皇二一年（六一三）一一月の条《くだり》に、「難波より京《みやこ》に至るまで大道を置く」とあり、これは竹内街道に、現在の奈良県葛城《かつらぎ》市の旧當麻《たいま》町域から、橿原《かしはら》を通って桜井に至る横大路を合わせたルートとほぼ同じだという。つまり国道一六六号は、文献上に現れる日本初の官道、最古の国道ということになるのだ。

当時の日本は、隋と国交を結ぼうとしていた。推古天皇一五年（六〇七）には、小野妹子《おののいもこ》が隋に派遣されて皇帝の煬帝《ようだい》に国書を渡し、その翌年に隋からの使者の裴世清《はいせいせい》をともなって帰国している。一行は、筑紫《つくし》から瀬戸内海の海路を経て難波に入り、そこから大和に向かったと思われる。日本側は、裴世清らを出迎えるために新しい館をつくり、飾り船、飾り馬をそろえ、道を清めたと伝えられているが、当時の日本の道は、隋の都・大興城（長安）に比べると粗末なものであった。

そこで朝廷は、使者の目にも見劣りしないよう、道の整備に力を注いだのではないかと見られている。

大陸との交流が活発になると、優れた文化がこの道を通ってもたらされ、飛鳥文化が花開いた。大和はシルクロードの東端、終着点として華やいだことだろう。

だが、和銅三年（七一〇）には都が平城京に移り、この道は外交使節を迎える役割を終える。それでも、戦国時代末に堺の町が繁栄すると、堺と大和を結ぶ道として多くの人や物資が行き来し、活発な経済を支えた。江戸時代には、松尾芭蕉もこの道を訪れていることが『笈《おい》の小文《こぶみ》』に記されている。

国道一六六号として整備された現在でも、こうした長い歴史を反映するかのように、街道周辺には古墳や史跡、文化財が多く残っている。ことに聖徳太子とその家族が葬《ほうむ》られているとされる叡福寺《えいふくじ》があることは広く知られているし、旧堺市側には、鉄砲鍛冶屋敷《てっぽうかじやしき》跡や千利休屋敷跡などが残されている。

明治末期に誕生して大正初期に廃された短命な街道とは？——大和田街道・梅田街道

大阪市福島区のJR福島駅から踏切を渡った北側に「福島聖天通《ふくしましょうてんどおり》商店街」

がある。

その入り口には「大和田街道・梅田街道」と書かれた道標が立ち、さらに進むと、また同じ道標があり、その後も同じ内容を伝える標識がポツポツと目に入る。これほどあちこちに標識が立つ街道だが、地図を開いても、その名はどこにも見られない。大和田街道と梅田街道とは、いったいどこからどこへ通じる街道なのか？

その謎は、商店街をさらに進み、上福島小学校にたどり着くと解明する。道に面したところに「大和田街道・梅田街道」と書かれた大きな案内板があって、そこに大和田街道の説明が書かれているのだ。

それによれば、大和田街道の起点は難波橋北詰め（現在の北区西天満一丁目）で、福島区や西淀川区を経由して尼崎に通じる明治期の物流道路であったとある。

起点から西へ進み、堂島や梅田、出入橋を経由して浦江の聖天の南を通り、海老江《えびえ》の八坂神社の傍を経て国道二号沿いを北へ進み、淀川を渡って大和田から佃《つくだ》を通って尼崎市の大物町《だいもっちょう》へと至るルートだという。

尼崎の大和田へ至るから大和田街道というわけで、梅田方面から続く街道なので梅田街道ともよばれていたようだ。

これで街道の大筋はわかったが、では、この街道はいつ存在していたのか？現代の地図にないのだから古い街道なのだろうと想像して江戸時代の地図を開いても見当たらず、明治初期の地図にもその名が存在しない。これはいったいどういうことなのだろう？

じつは大和田街道は非常に寿命の短い街道だった。大和田街道が開通したのは、明治四一年（一九〇八）一二月。新淀川にかかる橋の一つとして同年同月に竣工した西成大橋を経由して尼崎方面へ向かうルートとして開かれたものだった。そのため明治三〇年代頃の地図にはその名が見えず、現存する大正時代の古地図にやっとその名が現れるというわけなのである。大和田街道は阪神間の物流の重要路となり、街道は往来が絶えず、非常に賑わっていた。

ところが、昭和になると、再び地図からその名は消えてしまう。これは、大正一五年（一九二六）に西成大橋のすぐ近くに現存する淀川大橋が竣工《しゅんこう》したからで、阪神間を結ぶ主要道路は淀川大橋を通る新国道へと移ってしまったのである。しかも、淀川大橋の完成によって役割を終えた西成大橋は撤去され、同時に大和田街道も地図から消える運命となってしまった。

つまり大和田街道とは、明治末期から大正時代という期間限定でのみ存在した街道だった。あまりにも寿命が短いために表記されている古地図を探すのも困難な街道だが、近年になって大阪市が道標を設置したことから、それをたどることでかつてのルートを散策できるようになった。

「難波の三大橋」で最古の橋の、一〇〇年前に設置されたライオン像の謎――難波橋

大坂は市内を多くの河川運河が縦横に貫流している。江戸時代には「水の都」といわれ、「なにわの八百八橋」と形容されるほど橋が多いことから「橋の都」ともよばれていた。実際には江戸時代に大坂に存在した橋の数は二〇〇程度だったとされ、誇大表現だったが、現在は一二〇〇以上もあり、正真正銘の「橋の都」である。

さて、そうした大坂の数多い橋のなかでも、とくに大きな橋が天満橋、天神

橋、難波橋の三つで、「難波の三大橋」と称されてきた。江戸時代、官費で架けられた橋を公儀橋、町費用で建設・維持した橋を町橋とよび、三大橋は大坂を代表する公儀橋だった。

その三大橋のなかで、最大の規模と最も長い歴史を誇っていたのが難波橋だ。豊臣時代にはすでに架けられていたといわれており、また奈良時代の僧、行基《ぎょうき》が架けたという伝承もある。

江戸時代の寛文《かんぶん》年間（一六六一～一六七三）の難波橋は、長さ二〇七メートル、幅約五・七メートルもある巨大な橋で、『摂津名所図会大成』には、その眺望が「浪華無双の奇観」だと記されている。江戸時代には、この橋の周辺は夕涼みの場所として人気があり、多くの人々で賑わった。

現在の難波橋北詰めは西天満一丁目で、中間は中之島一丁目、南詰めは北浜二丁目。橋は土佐堀川・中之島公園・堂島川にまたがっており、橋の上を堺筋が通っているのだが、江戸時代の難波橋はいまより一つ西の筋にあった。

それが現在の場所に架け替えられることになったのは、堺筋が拡張されて市電が走るようになった明治四五年（一九一二）で、その三年後の大正四年（一九

難波橋(ナニハハシ)

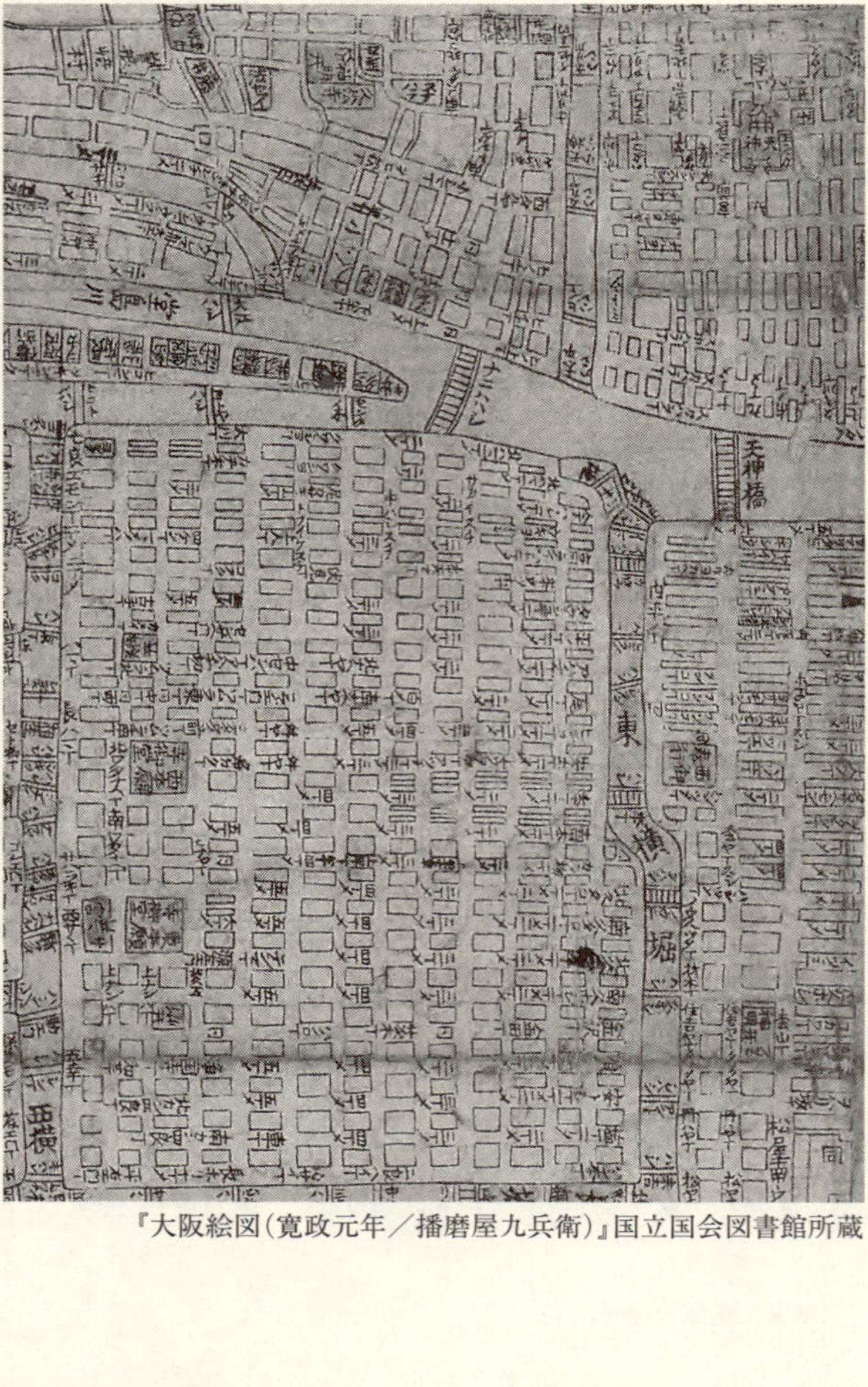

『大阪絵図(寛政元年／播磨屋九兵衛)』国立国会図書館所蔵

一五）に近代的な鋼製の橋として生まれ変わった。

さて、その難波橋には、橋の南北四隅にライオンの石像が設置され、いまもその姿を残しているのだが、なぜ難波橋の四隅にライオン像があるのか？

残念ながら資料が残っていないために確かなことはわからないものの、次の二つの説がある。

一つは、ヨーロッパの橋を参考にしたのではないかというもの。ヨーロッパにはライオン像が設置された橋があちこちにあり、これをモデルにしたという説だ。

また、ちょうど難波橋が設置された年に、大坂初の動物園となる天王寺動物園が開園していることから、宣伝目的だったのではないかという説もある。動物園にはライオンも目玉の一つとして展示されていた。当時はまだ本物のライオンを見たことのある人はほとんどいなかったので、像も実物もさぞかし珍しがられたことだろう。

昭和四七年（一九七二）、老朽化した難波橋は新たに架け替えられたが、装飾部分はできるだけオリジナルを使用する方針が採られたことから、ライオン像も撤去を免れた。大正から昭和へと続く激動の時代を経て、平成へと至る近現代を大阪の中心から見続けてきたライオン像は、これからも大阪の発展を見守り続けてくれるだろう。

川のつけ替えで堺が受けた、思わぬとばっちりとは？——大和川

河内平野を流れる大和川は、奈良県東部の初瀬川を源流とし、奈良盆地で佐《さ》保《ほ》川を合わせて大和川となり、飛鳥川や葛城《かつらぎ》川、高田川など多くの川を合わせながら河内平野へと流れ、大阪市と堺市の境を流れて大坂湾へと注いでいる。

つまり現代の地図を見ると、河内平野をまっすぐ西へ横断する川なのだが、元禄一二年（一六九九）の『新撰増補大坂大絵図』など一八世紀以前の古地図では、まるで様子が違う。

なんと大和川は、柏原市のあたりから大坂の東部を北上するように流れ、大坂城付近で淀川と合流していたのである。しかも、途中で長瀬川と玉串川に分流し、玉串川は菱江川と吉田川に分かれ、さらに平野川が玉串川に合流するな

ど、大和川水系の河川は縦横無尽に河内平野を流れていた。

一つの川がこれほど多く分流するのは河内平野が低地だからこその現象である。しかも、西部に上町台地があるために、平野一帯は水はけが悪かった。おかげで、大雨が降るとしばしば堤防が破れて、大和川下流は水浸しとなり、人家や田畑が流出するなど大きな被害を受けていたのである。

その水害の多さは奈良時代後半の四〇年間だけで十余回、元和《げんな》から元禄に至る江戸時代初めの六〇年間で一二回といった具合で、大和川水系の川は周辺の人々にとって大事な水源であると同時に、甚大な被害をもたらす暴れ川でもあったわけだ。

そんな大和川が現在のような流れに変わったのは、宝永元年（一七〇四）一〇月のことである。地元の住民が何度も幕府につけ替え工事を嘆願した末のことで、工事総額約七万両、総労働人員は延べ約二五〇万人という大工事の末、石川との合流点から大坂湾へ至る長さ七九二〇間（約一四・四キロメートル）、川幅一〇〇間（約一八〇メートル）の新流路が完成した。工事は昼夜を徹して行なわれ、わずか八か月で完成に漕ぎつけたのだった。

淀川と合流する大和川

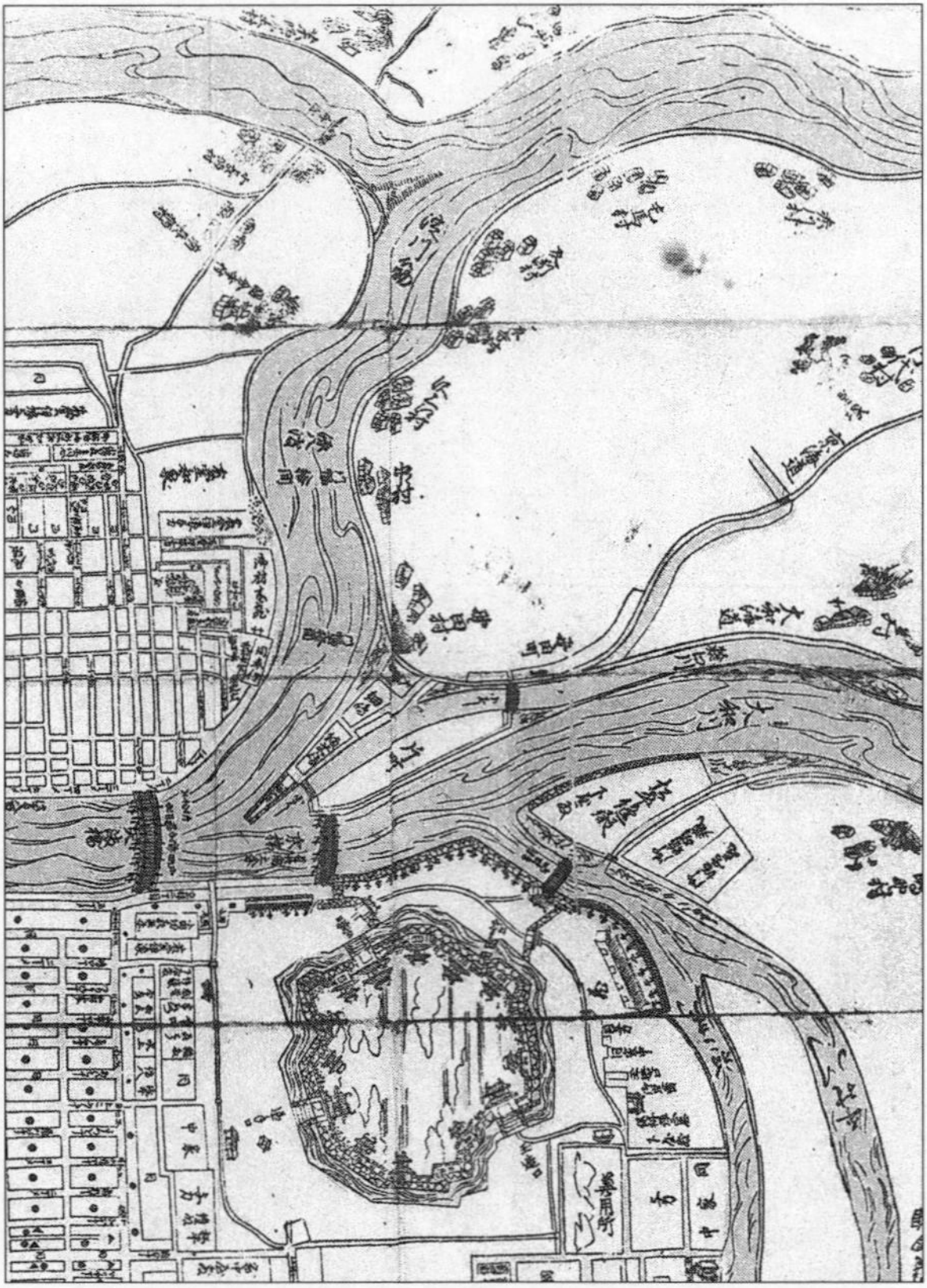

『新撰増補大坂大絵図』(『大阪古地図集成』)

この工事の完成で河内平野を流れる大和川の川筋は大きく変化したわけだが、変化はそれだけではない。新たな大和川の開削によって三七四町歩（約三・七平方キロメートル）の田畑が消失したが、代わって旧川筋に三倍以上の新田が生まれた。

しかし、新川が注ぐようになった堺は予想外の被害を受けた。河内・大和への水運の便が良くなるという利点はあったが、大坂との間に新川が横たわったことで陸路での便が悪くなったばかりか、新川が堺の港に大量の土砂を運び込んだ。

あまりの量の多さに川ざらえが追いつかず、堺の港はどんどん埋め立てられ、つけ替えからの二五〇年間で堺の海岸線が約三・五キロメートルも延びてしまう。

河内平野の水害を防いで河内平野の田畑が広がり、多くの恩恵をもたらした大和川の新流路へのつけ替えだが、これにより港が浅くなった堺が、かつての港町としての活気をなくして衰退していくとは、当時は誰も予想していなかっただろう。

国道三〇八号線の、日本一急傾斜な〝酷道〟は旅人で賑わう宿場だった！――暗峠

大阪と奈良を結ぶ奈良街道は、現在、大阪の中央区を起点として奈良市へと続く国道三〇八号線として整備されている。

整備されている、と書いたが、じつはこの国道三〇八号線にはとても国道とは思えない場所があり、「酷道」と揶揄《やゆ》されているのだ。

「酷道」部分は、東大阪市の近鉄枚岡《ひらおか》駅あたりから始まる。それまでは道幅が一〇メートルほどもあったのに、突然三・九メートルに縮小し、その先の暗《くらがり》峠《とうげ》付近ではわずか二・三メートル。車一台が通るのにギリギリの幅しかない。

しかも、最大一七・二度（道路勾配三一％）という急勾配の坂まである。近年、テレビのＣＭで「ベタ踏み坂」として話題になった鳥取・島根をまたぐ江島大橋の角度が三・五度（道路勾配六・一％）なので、それをはるかに超える勾配であり、「車が通れる国道では日本一の急勾配」とまでいわれているのだ。

暗峠付近は街灯もないので夜には真っ暗。ヘッドライトだけを頼りに運転せ

『河内名所図会』に描かれた暗峠（国立国会図書館所蔵）

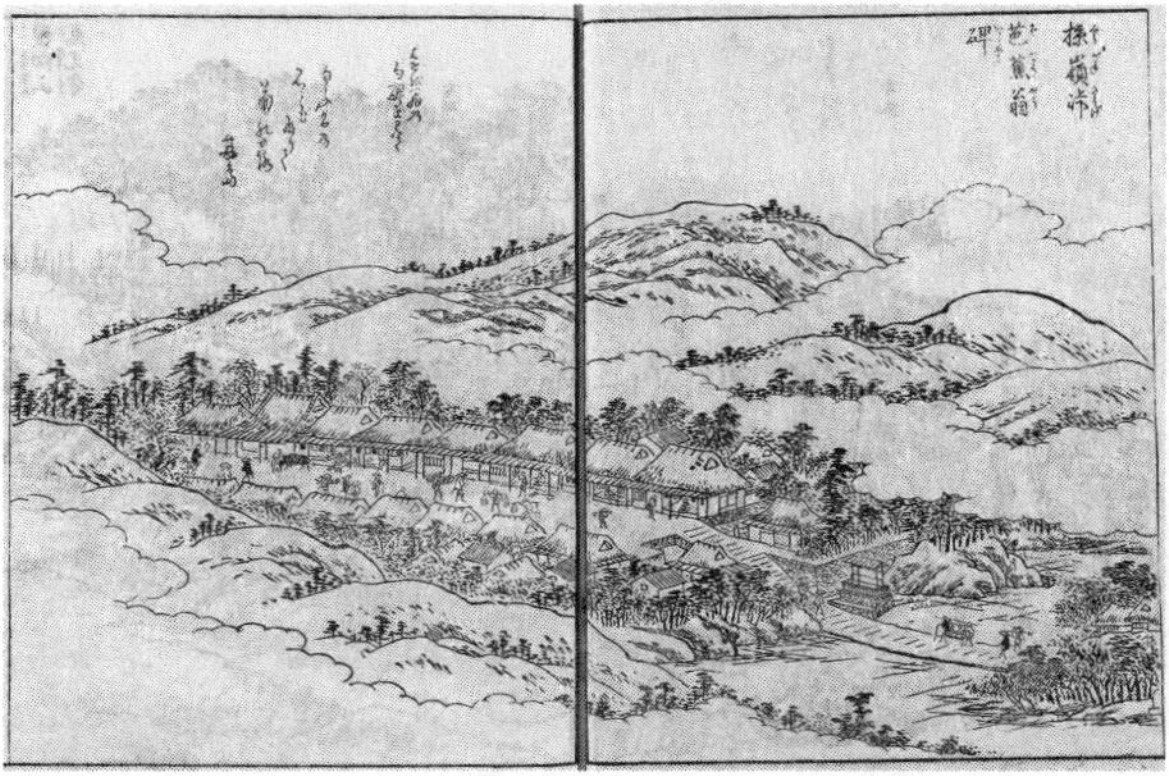

ねばならず、慣れていない人は冷や汗ものだ。暗峠を越えて奈良県に入り道幅が少し広くなるまで、まさに酷道とよぶのにふさわしい道が続く。

なぜこのようなルートが国道なのかというと、これでもかつては大阪と奈良をつなぐ重要な幹線道路だったからだ。奈良街道は、いまから約一三〇〇年前の奈良時代に難波と奈良の都を最短距離で結ぶ道として整備された、道は険しいが一番の近道だった。

そのため奈良時代には遣唐使一行や西国へ赴任する官人がこの道を通り、天平勝宝《てんぴょうしょうほう》五年（七五三）に来日した鑑真《がんじん》も、奈良へ入る際に通ったと伝えられている。

江戸時代には河内からお伊勢参りに向かう人々で大いに賑わい、伊勢参宮道ともよばれ、暗峠には二〇軒近くの旅籠《はたご》や茶店が立ち並んでいた。その様子が享和元年（一八〇一）刊行の『河内名所図会』に描かれている。

松尾芭蕉が元禄七年（一六九四）九月九日の重陽《ちようよう》（菊の節句）に暗峠を越えたことでも有名で、「菊の香にくらがり登る節句かな」の句碑が暗峠に残っている。芭蕉は同年一〇月一二日に大坂で亡くなっているので、これが最後の旅だった。

暗峠という名は、昼でも暗かったからとか、「鞍掛け」「鞍替え」が転じたものだといわれている。

かつては賑わった奈良街道だが、明治中期から大正初期にかけて鉄道が開通すると、急激に寂れた。

かつては車の往来も一日五〇〇台くらいもあったというが、三〇八号線に沿うように走る第二阪奈道路のトンネルが平成九年（一九九七）に開通すると一気に減少。整備されることなく「酷道」のまま残されている。

ただし、そのおかげで峠のあたりにはこの峠を通過する大和郡山《やまとこおりやま》藩の行列がぬかるむ道に足を取られないようにと敷いた石畳が残り、「日本の道百選」にも選ばれている。

車で走るにはかなり大変だが、古道の佇まいをいまに残す貴重な場所といえるだろう。

鎖国時代からすでに外国船が入っていた外国人居留地とは？——川口居留地跡

大阪市西区の川口。その一角に「川口居留地跡」の碑が立てられている。

川口は大阪市の中西部にあり、北に安治川、南に道頓堀川、中部を木津川が南流する一帯だ。幕府に代わった京都の新政府が、慶応四年（一八六八）に川口の港を大坂港として開港した。そして川口運上所（税関）を開設。同年七月には外国人居留地が造成され、イギリスやアメリカ、ドイツ、フランス、オランダ、ベルギーなどから来日した外国人が数多く居住した。広い敷地に洋式建築の家が立ち並び、ガス灯や街路樹が設置され、外国人の街が誕生した。

周辺には日本人と外国人の雑居地が設けられたが、同地には主に清国から渡ってきた人々が住んでいたという。

洋服や洋食、西洋洗濯、時計、ランプ、パン、ホテル、オルガン、中華料理などは川口の地から畿内に広まったから、大阪の文明開化は川口から始まったといってもいいだろう。

明治七年（一八七四）に神戸〜大阪間に鉄道が敷設《ふせつ》されて、外国商人たちが神戸へと移ると、川口の居留地には宗教や教育の活動家が残り、交易の町から宗教と教育の町へと姿を変えていった。

川口を発祥とする桃山学院やプール学院、大阪信愛女学校、平安女学院、大阪女学院などが、そうした歴史をいまに伝えている。

とはいえ、川口の街が外国とのつながりを強めたのは、じつは明治時代になってからのことではない。江戸時代にも外国の使節がやってくる場所であった。

江戸時代、安治川と木津川の川口は、諸国の船が停泊し、荷の積み下ろしをする港の役割を果たしていた。船番所や船蔵、船奉行所などが置かれ、海の関所の役割を果たす海の玄関口であり、九州や四国・中国の参勤交代の諸大名が乗船する港でもあった。

寛政《かんせい》一〇年（一七九八）の『摂津名所図会』「関西諸侯乗船場」には、その川口の様子が描かれている。

九州や四国・中国などの諸大名が利用する港で、彼らが江戸に上る際には、この場所で船を降り陸路で江戸へ向かうのが常だった。

もう一つ、この図には「琉球人難波津着岸」という文字があり、舳《へさき》がせり上がった大船が中央に描かれている。琉球船である。

ここで一つ疑問が浮かぶ。琉球とは現在の沖縄県だが、江戸時代には薩摩藩の支配を受ける一方、中国朝貢する関係にあった。

江戸時代、日本は鎖国状態にあり、異国の船が寄港できるのは長崎県の出島だけだったはずなのだが、じつは琉球王国の船が川口に寄港していたのである。

これは、薩摩藩の支配下にあった琉球王国から、徳川家の将軍代替わりのときには慶賀使《けいがし》が、琉球王国の代替わりの際には恩謝使《おんしゃし》が江戸へ派遣されていたからだ。川口には江戸時代からすでに異国船が出入りしていたのである。

四ツ橋

四つの橋がロの字形に架けられ「難波一の奇観」と呼ばれた場所とは？

大阪には心斎橋や長堀橋、信濃橋、桜橋など、「橋」がついた地名が多い。「浪速の八百八橋」と謳われたほど橋が多かったかつての大坂の名残だ。西区の四ツ橋もその一つで、いまは橋もなければ、かつて流れていたはずの川もなく、交差点と地下鉄の駅名にその名を残すだけだ。

しかし、四ツ橋は江戸時代、大坂で最も有名な橋だった。寛政一〇年（一七九八）『摂津名所図絵』を見ると、なぜ四ツ橋が有名だったかがよくわかる。

なんと四ツ橋は二つの堀川が十文字に交差する場所に架かっていたのである。

ここで合流していたのは、北から南へ流れる西横堀川と、東から西へ流れる長堀川で、西横堀川には北に上繋橋《かみつなぎばし》、南に下繋橋《しもつなぎばし》が架かり、長堀川には東に炭屋橋、西に吉野屋橋が架かっていた。つまり、四つの橋がまるで現代の歩道橋のように「ロ」の字に架かっていたのである。

『摂津名所図絵』には「浪速一奇観の勝地」とあり、多くの人が納涼や観月に

『摂津名所図会』に描かれた四ツ橋（国立国会図書館所蔵）

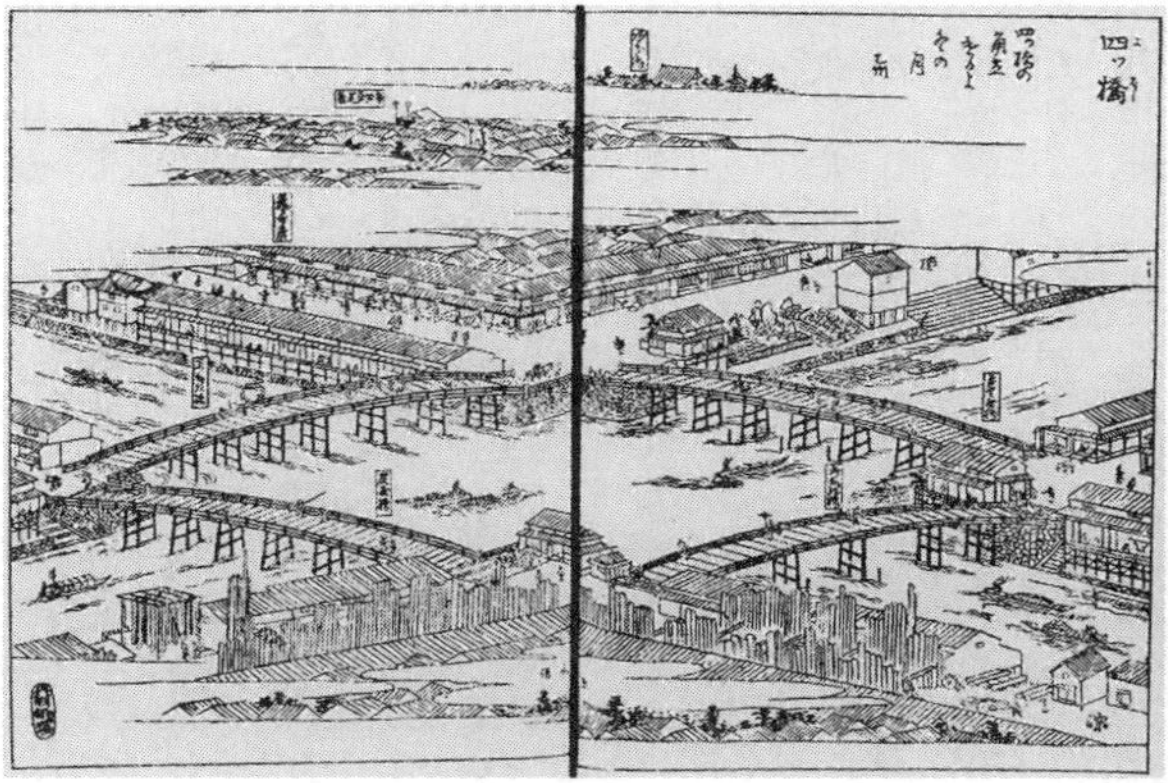

訪れる名所だった。江戸時代の俳人・小西来山《らいざん》はその姿を「涼しさに四ツ橋を四つ渡りけり」と詠っており、この句碑が長堀通りの中央分離帯、阪神高速の直下あたりに置かれている。

　当時四ツ橋があった場所はちょうどこのあたりで、句碑の位置は四ツ橋の西南詰めに当たり、現在の「四ツ橋」の交差点からは少し東になる。

　上繁橋は縁切橋ともよばれ、明治中頃までは夫婦や恋人が一緒に渡ると別れるという言い伝えもあった。

　四つの橋は昭和に入って鉄鋼アーチコンクリート橋に架け替えられて存続していたが、昭和三九年（一九六四）に西横堀川が、昭和四五年（一九七〇）に長堀川も埋め立てられると、橋は姿を消してしまった。難波一の奇観と讃えられた風景が二度と見られないというのは、時代の流れとはいえ、何とも寂しい話である。

本町橋の南側の奇妙なS字のカーブに秘められた歴史とは？——東横堀川

大阪市中央区の本町は、大阪を代表するビジネス街だ。船場のほぼ中央を東西方向に貫く本町通り沿いの両側に広がる街で、その東端に東横堀川に架かる本町橋がある。本町橋は大正二年（一九一三）に完成した市内の現存最古の橋で、橋の町・大阪の歴史を感じさせる橋だが、高速道路の下にあるので、昼でも薄暗く感じる場所である。

この本町橋に立ち、眼下を流れる東横堀川を農人橋《のうにんばし》のほうへと目を向けると、川が緩いカーブを描いているのがわかる。実際、地図を見ても本町橋があるあたりから東横堀川はS字カーブを描いているのだ。

一八世紀半ばに発行された『新撰増補大坂大絵図』でも、直角のカーブが二つ連続している。この場所は、古くから「本町の曲がり」とよばれていた。

東横堀川が開削された時期は定かではない。幕末の『摂津名所図会大成』は、天正一二年（一五八四）から開削工事が始まったとしているが、文禄三年（一五九四）に秀吉の大坂城惣構工事にともなって開削されたという説もある。どちらにせよ江戸時代より以前に開削された堀川であることは間違いないようだ。

それにしても、なぜS字に曲がっているのか？

曲がりがあると、そこで流れが岸にぶつかり、渦を巻く。そのため海難事故が起こりやすく、堀川はできるだけ曲がりがないように掘り進めるのが常だ。

この理由について、『摂津名所図会大成』は、農人橋の西北のほうに浄国寺という寺があり、その住職が秀吉と親しかったため、大坂城の堀を開削する際、浄国寺の寺地を避けたために曲がったとしている。また、もともと川があり、その川筋が曲がっていたからだという説や、大坂城外の堀として、敵の侵入を困難にするためだという説などもあり、はっきりしたことはわかっていない。

大阪日日新聞によると、江戸時代の曲がりは、渦を巻いているので船の事故が多かったうえ、身投げをする人も続出し、自殺の名所でもあったという。ま

S字形に曲がった東横堀川（矢印）

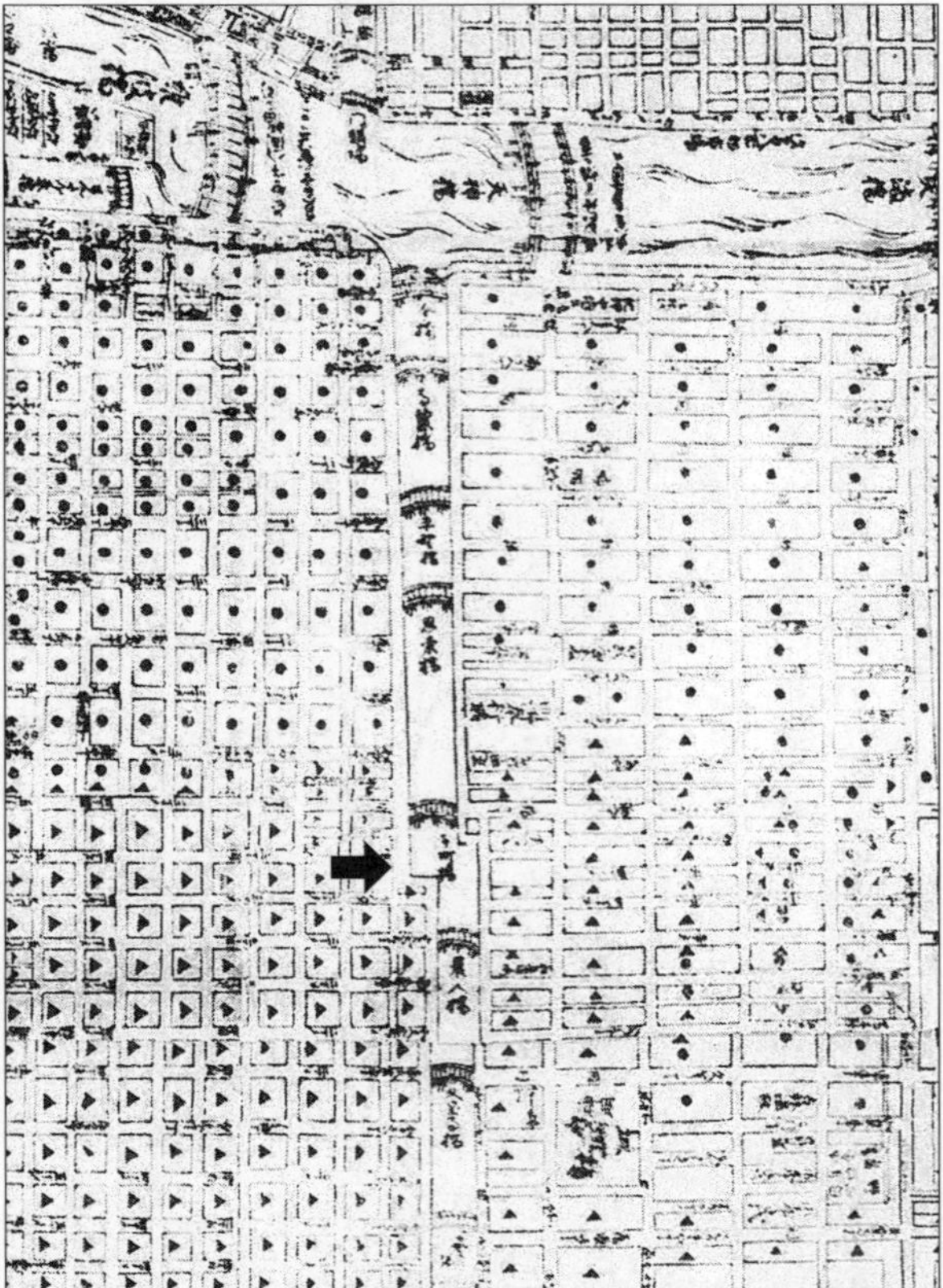

『新撰増補大坂大絵図』（『大阪古地図集成』）

た、渦の底にはガタロ（河童）が棲んでいるともいわれ、見かねた人が水難除けの地蔵尊を祀ったともある。

また、曲がり周辺は一時期大きく様変わりしている。文政一三年（一八三〇）に船場・上町の大火が起こると、その復興の際に、曲がりの浜に遊女がいる待合が生まれたのだ。やがて遊女と待合の数がどんどん増えた。明治時代になると、曲がりの近辺は歓楽街となり、大いに繁栄した。

しかし、明治後半に歓楽街は廃れ、いまは高速道路の下を、S字カーブを描きながら流れる川があるだけである。

日本最大のコリアンタウンには日本最古の橋が架けられていた！——鶴橋・猪飼野界隈

生野《いくの》区にある鶴橋・猪飼野《いかいの》（現在の桃谷《ももだに》三丁目周辺）界隈は、東京新宿区の新大久保をもしのぐ日本一のコリアンタウンである。

生野区のコリアンタウンの歴史は古い。一説に、鶴橋周辺にはいまから一六〇〇年以上前の仁徳天皇の時代に百済からの渡来人が帰化して集団で居住していたといわれている。

さて、鶴橋という地名であるが現在、鶴橋という橋は存在しない。だが昭和一五年（一九四〇）に旧平野川が埋め立てられるまでは、そこに地名の由来となる鶴橋という橋は実在したのだ。しかもそのルーツは日本最古の橋といわれる「猪甘津橋《いかいつのはし》」といわれている。

猪甘津橋は『日本書紀』よると、仁徳天皇の時代に「猪甘津に橋を渡す」という記述があり、日本最古の架橋記録となる。同地の渡来人が、大陸の先端技術を駆使して架けた橋であり、難波と河内、大和を結ぶ重要な交通路として利用された。猪甘津橋は、鶴がたくさん群れていたので「鶴橋」とよばれるようになったともいう。主要な交通路だったこともあり、その規模も壮大だったようだ。明治中頃に書かれた『浪華百事談』では、かつての猪甘津橋は一〇〇間（約一八二メートル）もの大橋であったとある。

また、『難波往古図』には、旧平野川に架かる鶴橋を見ることができる。ただし、このときには、すでに平野川の川幅は狭くなり、橋も小規模なものとなっていた。

猪飼村（猪飼野）に架かるツルハシ（鶴橋）

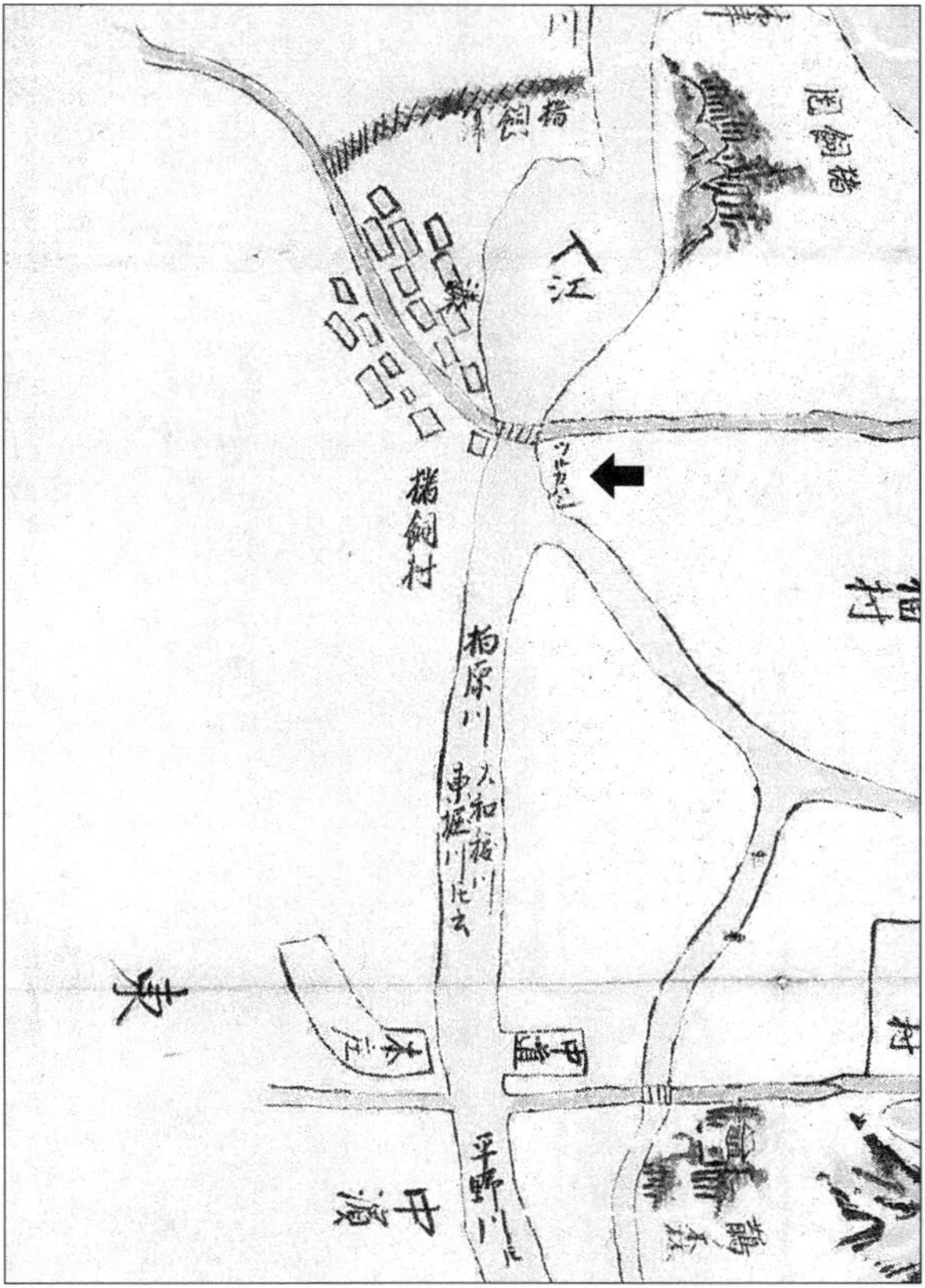

『難波往古図』（『大阪古地図集成』）

現在、鶴橋の跡には猪飼野青年会の手により「つるのはし跡」の石碑が建てられている。

川船から下ろされた荷が大八車でなく、べカ車で運ばれた理由

近世大坂の道路事情

現代の陸上運送の主役は何といってもトラックである。では、江戸時代の輸送はどうやって行なわれていたかというと、舟が主役だった。

北前船などの大型船で各地から運ばれてきた物資は、上荷船や茶船とよばれる小さな川船で市中の川を通り、河岸(大阪では浜)へと運ばれた。

大坂や江戸といった都市には多くの堀が張り巡らされ、重要な物資搬送ルートになっていた。

では、川船から下ろされた物資は、どうやって運ぶのか?

江戸で物資を運ぶ車として重宝されたのは大八車《だいはちぐるま》である。大八車とは、一人で八人分の物資を運べるという意味でつけられた名前のようで、代八車が大八車となった。大八車のサイズは車台の長さが八尺(約二四二センチ)で、幅が二

尺五寸（約七五センチ）、車輪の径は三尺五寸（約一〇六センチ）程度である。

一方、大坂で重宝されたのがベカ車だ。ベカ車は、長いもので二間あまり（約三六〇センチ）で、短いものは六～七尺（一八〇～二一〇センチ）あり、幅は三尺（約九〇センチ）で、制限積載量は三〇貫（一一二キログラム）ほどだった。

両者の決定的な違いは、車輪の幅と引き手の操作方法である。大八車は前方に楫《かじ》があるのに対し、ベカ車は楫が後方にある。大八車は前方の引手が楫を握って左右と進退を決めるのだが、ベカ車の引手は前方にあって一、二本の綱を引き、後方のもう一人が楫を押しながら進路を決める。

さらに、車輪の幅も大八車に比べてベカ車は細い。滑稽本《こっけいぼん》『街能噂《ちまたのうわさ》』にあるベカ車では、一人の引手が綱で車を引き、後方を一人がもって押している。綱で引くので重い荷物をのせた場合、方向の操作が容易ではなく、後方の人がこれを担う役割を果たしている。

大八車に比べると操作が難しそうなベカ車だが、大坂でこれが好まれたのは道幅が狭かったからだ。江戸時代の大坂の道路は非常に狭く、心斎橋通りなどは、夏になると両側の商店の屋根から屋根へ日覆《ひお》いを掛けて道路全体を日陰にすることができたほどだった。広い道でも三間（約五四〇センチメートル）から五間（約九〇〇センチメートル）程度しかなかったのだ。

大坂ではベカ車が大いに流行っていたが、重いベカ車が橋を通ると橋の損傷を招くため、寛政三年（一七九一）には、橋を渡るときには積み荷を下ろさなければならないという規制もできた。

しかし、この規制の裏には、ベカ車が普及したために上荷船、茶船への影響が出たために、彼らの懇請《こんせい》があったからだといわれている。その後も厳しい取り締まりが行なわれたが、効果はあまりなく、ベカ車が陸運の主役として広く用いられ続けた。

第四章 庶民が築きあげた町を歩く――

「なにわ商人」のパワーと「先進の文化」を体感する

「浪華の八百八橋」——大坂の象徴ともいわれた橋の数とその実態とは？

江戸時代、「江戸の八百八町《はっぴゃくやちょう》」「京都の八百八寺《はっぴゃくやでら》」に対し、大坂は「浪華の八百八橋」とよばれていた。もちろんこれらは多くの町や橋があったという比喩《ひゆ》である。

大坂の橋の歴史は、「猪甘津《いかいつ》に橋渡す」「名づけて小橋といふ」という『日本書紀』の記述にある一六〇〇年前に始まっている。

しかし、その後の河内が日本の中心から外れたこともあり、大坂の開発は、停滞してしまう。それが橋の町として飛躍的に発展したのは、江戸時代だろう。天下の台所とよばれて物資の集積地となった大坂は、物資を内陸部まで船で運ぶのに便利な堀川が次々に開削され、水運が発達した。これにともない、橋も増加したのである。

『新撰増補大坂大絵図』など、大坂市街を網羅した絵図を見ると、縦横に張り巡らされた堀沿いに各藩の蔵屋敷が立ち並び、堀川に架けられた橋がその名称ともに描かれ、商業都市として栄えた当時の様相を伝えている。

ならば、大坂の橋の数は日本一かと思いきや、江戸の三五〇橋に対して、大坂は約二〇〇橋。数としては江戸よりかなり少ない。

それでも大坂が「八百八橋」の町とよばれたのは、大阪の橋の大半が町人たちによって架けられた橋だったからである。

江戸では橋の大半が幕府によって架けられた公儀橋であったのに対し、大坂の公儀橋はわずか一二橋。残りはすべて大坂に住む町人が、生活や商売のために自腹で架けた「町橋」だった。さらに橋の管理も橋筋の町々が負担して維持管理に努めた点も特徴的だ。

自分たちが架けた橋への想いと愛着、そして自分たちが大坂をつくったという町人層の自負が、「浪華の八百八橋」の呼び名になったのだろう。

そのため芝居や大坂の名所を描いた錦絵にも橋が多く描かれ、川と橋は大坂の象徴ともなった。神崎川筋の遊女にまつわる伝承や、鎌倉時代末期に楠木正成が戦ったという渡辺橋、公儀橋でも幕府のお触れなどの高札が建てられた高麗橋など橋にまつわる逸話も多い。

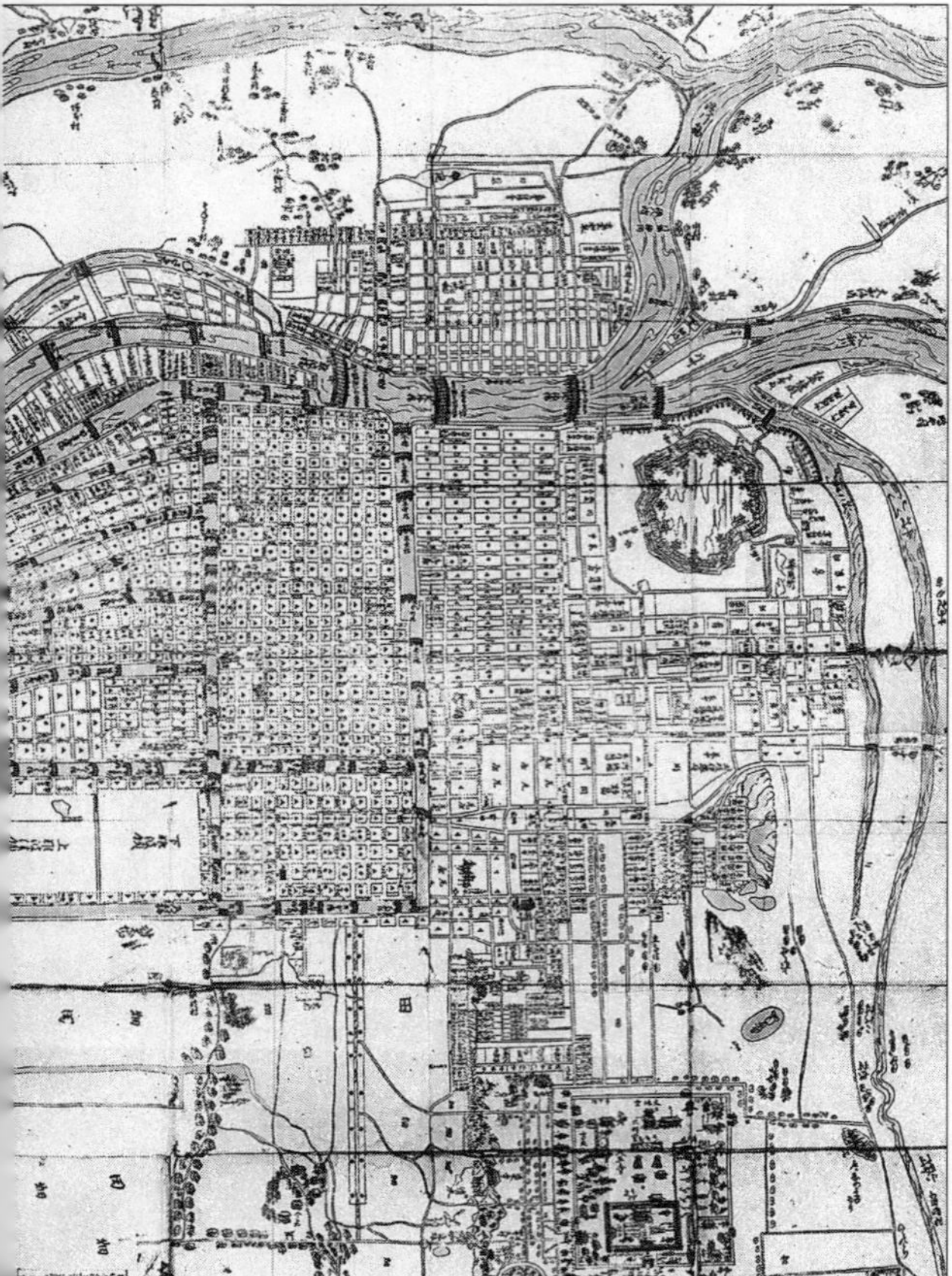

元禄四年に発行された大坂の市街図

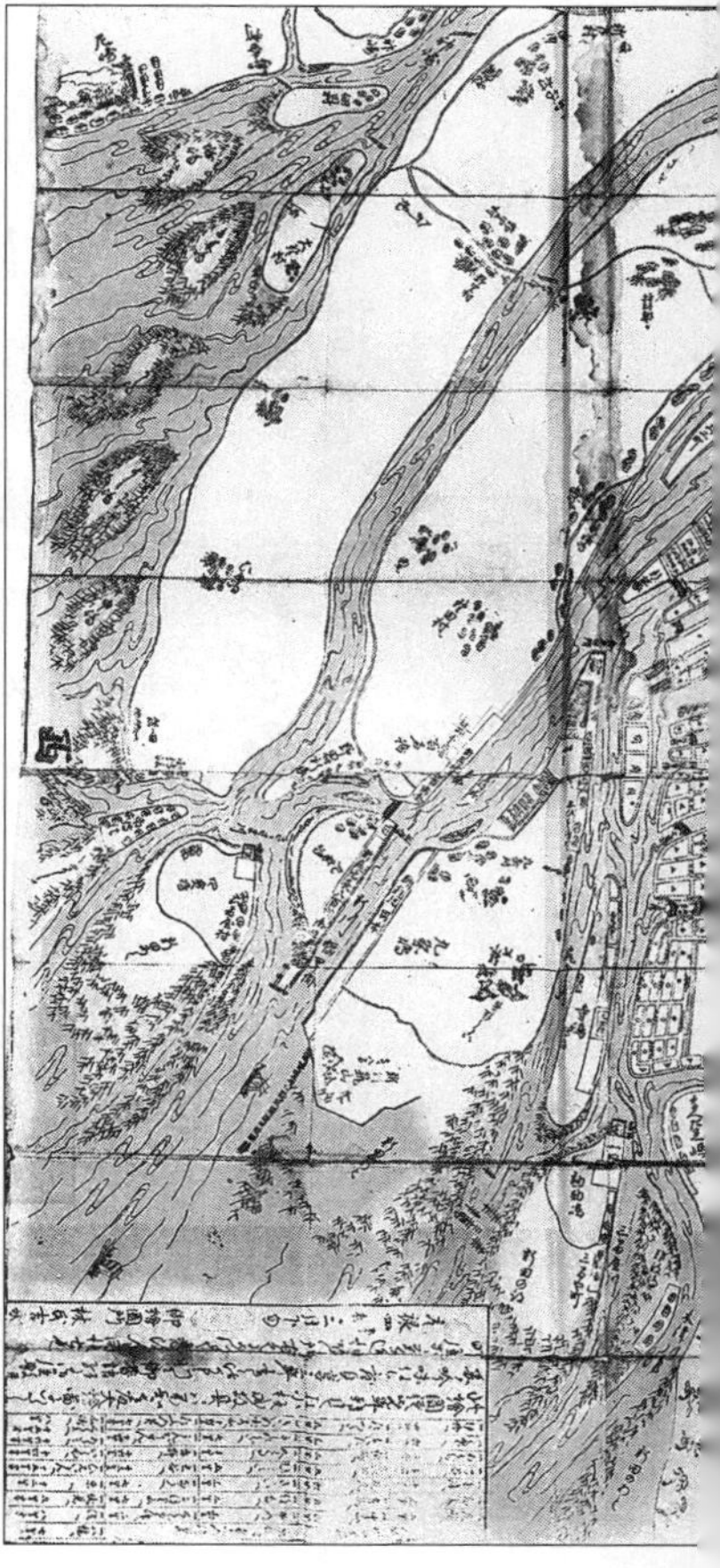
『新撰増補大坂大絵図』（『大阪古地図集成』）

現在、大阪市内に架かる橋は八〇〇弱。これは東京二三区の三八〇〇、京都市の一三〇〇と比較すると少ない。ただし橋の総面積で比較すると、数は東京の二割ながら、面積は東京の七割強に達し、京都に対しては三倍以上の総面積をもつ。大阪の橋は一橋あたりの規模が群を抜く大きさ。橋の町大阪の面目躍《めんもくやく》如《じょ》である。

天保山

江戸時代に名所だった山が、地図から現れたり消えたりした理由

大阪港駅から北へ徒歩七分、天保山公園の一角にそびえる天保山《てんぽうざん》。山といっても高さは五メートル足らずで、日本一低い山の一つとされる。

いまではその名も全国に知れ渡り、海遊館や天保山マーケットプレイスといった周辺の施設とともに観光名所の一つとなっているが、じつはこの天保山、元禄四年（一六九一）発行の『大名御屋敷新校正大坂大絵図』や、貞享《じょうきょう》四年（一六八七）発行の『新撰増補大坂大絵図』など、天保年間以前の地図には描かれていない。

一九世紀になって初めて「名所図会」などに登場するようになった。

なぜ突如姿を現したのかというと、この山が天保二年（一八三一）に生まれた山だからである。当時、安治川《あじがわ》、木津川《きづがわ》の河口に堆積《たいせき》した流砂が船の航行の障害になっていたため、この年、大川ざらえが行なわれた。その際に出た土砂を積み上げてできたのがこの山。つまり、天保山は築山《つきやま》だったのである。

当時は高さ一八メートルもあったため、船舶航行の目印として高灯籠《たかとうろう》を立て、目標山とよばれた。

またこの地形が亀の甲羅に似ていたことから、巨大な霊亀《れいき》の背に乗って東海を漂う仙人が住むとされる蓬萊山《ほうらいさん》にもたとえられたが、いつしか「天保のおおざらい」を記念して、天保山とよばれるようになる。

やがて山には、松と桜が植えられ、大坂の庶民が季節に応じた遊山を楽しむための絶好の行楽地となったその様子は『天保山名所図絵』にも描かれた。茶屋や屋形船での舟遊びを楽しむ庶民の姿が活写されている。

ところがその後、山は地盤沈下の影響を受けてどんどん低くなっていく。いつしかいまのように五メートルを切る低山になった。

あまりにも低いため、山とよぶのにふさわしくないとされたのか、平成五年(一九九三)に地図から消えてしまうも、三年後に復活するという一幕もあった。

阪神・淡路大震災をも無事生き残った天保山は、現在登山者に登山証明書が発行され、毎年お花見登山が開催されるなど、地元の人々のみならず、全国の人々に愛される存在となっている。

江戸時代に、いまの電気街にあった名物旅館の先進的サービスとは？
長町

大阪の日本橋は、現在では大阪の中央に位置し、電気街「でんでんタウン」となっているが、江戸時代は大坂の南外れで、紀伊・和泉に通じる大坂の出入り口となっていた。

当時は長町《ながまち》とよばれ、旅館が軒を並べる土地柄だったのである。

その長町の旅館街に、ひょうたん河内屋と分銅河内屋という二つの旅館があった。両者は姉妹店で、共に大坂で一、二を争う代表的な旅館で、旅人から非常に評判の良い名物旅館だった。

そのひょうたん河内屋と分銅河内屋の人気の秘密はどこにあったのか？　その理由がわかるのが、一八世紀半ば以降に制作されたと思われるひょうたん河内屋の引札《ひきふだ》だ。引札とはお客を引っ張ってくるための札で、いまでいうチラシのようなもの。そこにはひょうたん河内屋はもちろんのこと、分銅河内屋周辺の風景が描かれていた。

ひょうたん河内屋は非常に大きな旅館で、部屋数が七〇～八〇もあり、数百人もの人が宿泊できた。ただ宿泊するだけでなく、この旅館では名所案内者、いわゆるツアーガイドの斡旋《あっせん》もしており、観光客が望む場所に効率よいルートで道案内をしていた。

十返舎一九《じっぺんしゃいっく》の『東海道中膝栗毛《ひざくりげ》』では、弥次郎兵衛・喜多八が分銅河内屋に宿泊する条《くだり》があり、そこでもツアーガイドをつけてもらう話が出てくるので、分銅河内屋でも同様のサービスが提供されていたと思われる。

ひょうたん河内屋の引札には、さらに、大坂観光で大変人気の高かった道頓堀の芝居見物を希望する人にはチケットも販売しており、引札には旅館で購入したほうが安く買えるということが書かれていた。

さらに、諸国への書状や荷物の取り次ぎも行なっていた。手紙やお土産などの荷物を預かって依頼主の故郷に届けたり、次の宿泊予定の旅館へ運ぶサービスである。これにより旅人は少ない荷物で旅を続けることができたわけだ。

いまのように飛行機や鉄道、車などがなく、徒歩が中心の江戸時代の旅では、多くの荷物を抱えての大変な旅が想像されるところだが、じつは河内屋のサービスを利用することで快適な旅が続けられた。

観光業者や宅配業者、さらにはプレイガイドの役割までも兼ね備えていた江戸時代の名物旅館。江戸時代は現代のわれわれが考えている以上に、高度なトラベルのサービスのシステムが整っていたようである。

大僧正・行基が改修した池が大阪を代表する水がめになるまで――狭山池

大阪はため池が多い地として知られるが、じつは日本最古のダム式ため池とよばれる池もある。それは大阪のベッドダウンとして発展した大阪狭山《さやま》市の中央にある狭山池だ。

狭山池は、古く『日本書紀』にも登場し発掘調査などから聖徳太子の時代の六一六年前後に築造されたとされている。

驚くのはその巨大さで、南北九六〇メートル、東西五六〇メートルという規模を誇り、堤防の高さは一五・四メートルに達したという。しかも築堤には小枝を敷き並べて土を積み上げていく敷葉《しきば》工法という現代の土木技術に通じる工法が用いられており、七世紀の大和朝廷が進んだ池溝開発の技術をもっていたことにも驚かされる。

その存在は、天和《てんな》三年（一六八三）の『狭山池巡見絵図』をはじめ、さまざまな絵図に描かれており、開削以来、一三〇〇年にわたって灌漑《かんがい》用水池として重要な役割を果たしてきたことがうかがえる。

この長い歴史を支えたのは、何度か行なわれた大規模な改修工事だ。有名なのは奈良時代の僧・行基による改修工事だろう。行基は諸国を巡って教えを説きながら、庶民のために行く先々で橋を架け、池をつくり、道を拓き、寺院を建てた社会福祉事業家でもある。

東大寺の大仏建立に際しても、朝廷の要請を受けて協力し、のちに大僧正《だいそうじょう》に任ぜられたことでも知られる。

『続日本紀《しょくにほんぎ》』には「行基が弟子たちを率いて堤防を築いたり、橋をつくったりしていると、それを知った大勢の人々が協力したので、工事はわずかな日数で完成した」との記述がある。その事業の一つが狭山池だった。

その後も大規模な改修工事では、木製の樋《とい》のつなぎ方に工夫を凝らし、池の表面の水量に応じて取水できる「尺八樋《しやくはちどい》」という仕組みを取り入れるなど、各時代の最先端技術を用いて時代に応じた池へと発展していった。

その長い歴史を物語るかのように、平安時代にも清少納言《せいしようなごん》が『枕草子《まくらのそうし》』に興味深い池の一つにあげ、さらに江戸時代には狭山八景に選ばれている。狭山池はつねに人々の生活とともにあったのである。

その狭山池は現代においてもさらに発展を続けている。昭和六三年（一九八八）に始まった平成の大改修により、灌漑用水としてだけでなく防災の機能を備えた堤高一八・五メートルの治水ダムに変貌を遂げたのだ。

土木工事を、人々を救う手段の一つと考えた行基の信念は、現在にも脈々と受け継がれている。

江戸幕府が「大坂夏の陣」の後に〝一大芝居小屋ゾーン〟を設けた意図とは？――道頓堀

現在、大阪の「ミナミ」の中心地として栄えている道頓堀は、東横堀川と木津川を結ぶ約二・五キロの運河の両岸を指す。この道頓堀川が河内国の安井道《どう》頓《とん》によって開削されたのは、慶長一七年（一六一二）のこと。その後、道頓が大坂夏の陣で戦死したため、その事業を従弟の道卜《どうぼく》が引き継ぎ、元和元年（一六一五）に完成へと至った。

その後、寛永三年（一六二六）になって、この一帯は江戸幕府から芝居小屋を設置することが許された。浄瑠璃《じょうるり》などが大人気となっていた享保《きょうほう》年間（一七一六〜一七三六）には、浄瑠璃小屋が四軒、歌舞伎小屋が四軒、からくり小屋が一軒並ぶ一大芝居小屋ゾーンとなった。

しかし、享保九年（一七二四）、大火に見舞われたこともあり、以降、芝居小屋は五つになった。ただし、一八世紀末に刊行された『摂津名所図会』を見ると、そこには六つの芝居小屋が描かれている。

西から戎橋の袂《たもと》にあった人形浄瑠璃の「筑後座（竹本座・大西座）」、芝居の「中之芝居」「角之芝居」とある。さらに、組合橋の西の角には歌舞伎の「角丸座」が見え、人形浄瑠璃の「豊竹座」が隣り合う。日本橋の角にはからくり芝居の「竹田座」といった具合である。

一般にはこれらのうち、角丸座を除いた五つの芝居小屋が「道頓堀の五座」

『摂津名所図会』に描かれた道頓堀（国立国会図書館所蔵）

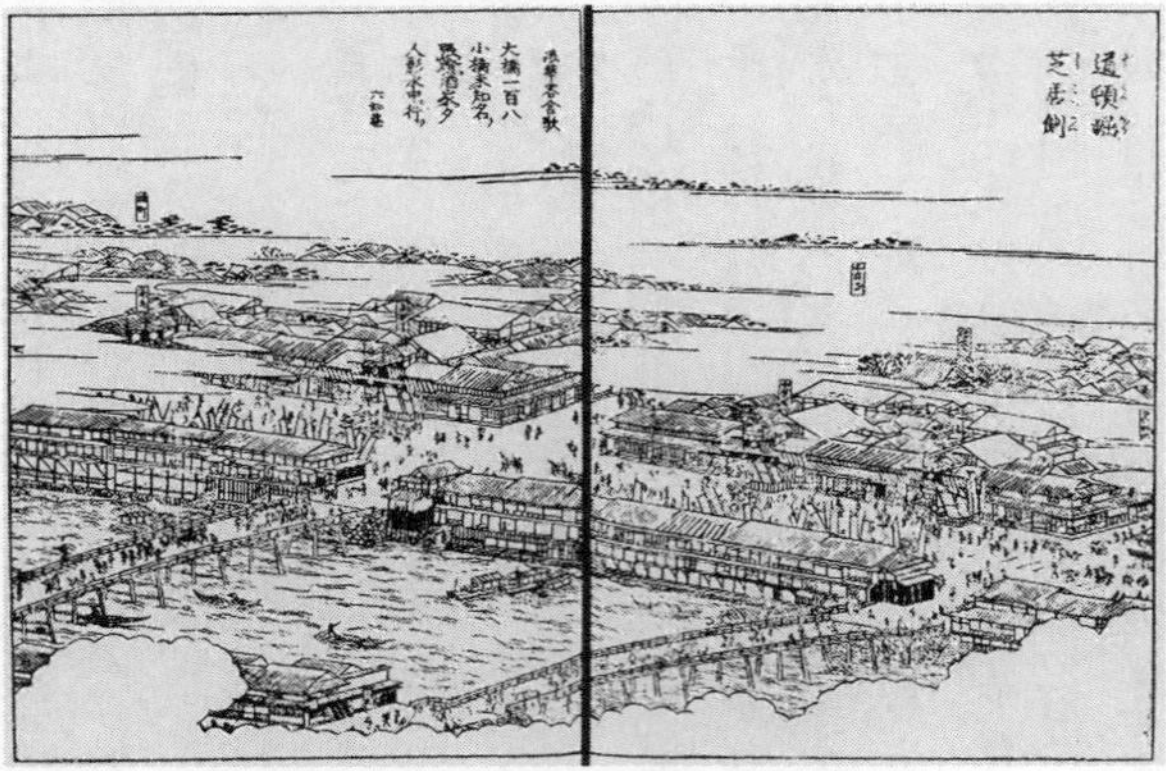

として知られている。

道頓堀の芝居小屋では、享保年間頃から小屋の上に大きな屋根がつけられ、施設も立派な体裁が整ってきた。

また、この頃、芝居を盛り上げる大がかりな演出も発明された。

たとえば、宝暦三年（一七五三）には、竹本座（筑後座）で舞台の奈落《ならく》から上下するセリの仕掛けが登場した。また角座（角之芝居）では、演出・狂言作家の並木正三が回り舞台を考案した。さらには、大道具をひっくり返して場面を一気に変えてしまうどんでん返しの仕掛けが中座（中之芝居）で考案された。

このように、各芝居小屋が創意工夫して魅力的な出し物を競ったので、道頓堀の芝居小屋は大賑わいだった。

では、幕府はなぜ道頓堀に遊興施設である芝居小屋を集めることにしたのだろうか？

慶長二〇年（一六一五）の大坂夏の陣後、大坂は幕府の直轄領となっていた。ただ、大坂の陣の影響で町は荒廃しており、幕府は大坂の発展策を模索していたようだ。そんなとき安井家から、豊臣時代に大坂の勘四郎町にあった芝居小屋を、道頓堀に移転してほしいという申し出があった。

安井家は、道頓堀の開削に貢献した安井道頓の家である。

系図や由緒、土地・租税関係の文書を含む「安井家文書」のなかには、安井家が開削の功により道頓堀の南側に土地を所有し、経営していた様子を語る文書もある。

歓楽街として道頓堀が発展することを望んだ安井家の思惑と、大坂の発展を望む幕府の思惑が一致したうえでの芝居小屋の移転であったようだ。

世界的紡績企業である東洋紡が大阪で育った背景とは?

高安

東洋紡は五〇〇億円の資本金を有し、世界二六か国に支社をもつ世界的繊維企業である。じつはこの東洋紡の本社は大阪市北区にある。世界的企業の多くが本社を東京に置くなか、東洋紡が大阪に拠点を置いているのは、この会社が大阪で誕生し、大阪で成長した企業だからである。

なぜ大阪で世界的な繊維企業が生まれたのか? それは大阪が江戸時代以来の綿づくりの伝統をもつ都市だからだ。

大阪と堺の境を流れる大和川が江戸時代に流路を変えて誕生した新流であることは別項で述べたとおりだが、この流れの変更によって誕生したのが広大な綿畑だった。旧大和川沿いに生まれた新田は、砂地のために米づくりには適さなかったが、水はけが良いことから綿栽培に最適だったのである。

河内では一四～一五世紀にすでに綿の木栽培が始まっていたが、新田ができたことで作づけが一気に増え、最盛期には一万六〇〇〇町歩にも達した。

河内では綿を使って木綿を織る家が増え、この木綿は「河内木綿」とよばれて全国各地で愛用された。『河内名所図会』には、旧大和川沿いの高安《たかやす》（現・八《や》尾市《おし》）の農家で木綿を織っている様子や、仲買人が各農家をまわって木綿を買いつける様子などが描かれている。

江戸時代を通じて脈々と受け継がれてきた河内の木綿産業を、飛躍的に発展させたのが東洋紡だった。明治一五年（一八八二）に大阪市大正区で創立された大阪紡績がその前身で、明治の産業・経済界の指導者、渋沢栄一のイニシアティブによって設立された。

従来の紡績工場の七〜八倍にも相当する一万五〇〇〇錘《すい》という規模を誇り、一二時間交代で昼夜通しての操業が行なわれた。この大阪紡績の設立をきっかけに、周辺には次々と大規模な紡績工場が誕生し、大阪は「東洋のマンチェスター」とよばれるまでになったのである。

東洋紡が世界を代表する紡績会社へと発展したのは、明治政府が掲げた富国強兵や近代工業国を目指す方針があったことは間違いないが、上質な綿を産出する河内という原産地があったことが最大の理由なのだ。

東洋紡創業の地である大阪市大正区に、いまはもう綿の木畑は存在しないが、同地の三軒家《さんげんや》公園に立つ「近大紡績工業発祥の地」の碑が、かつての繁栄をいまに伝えている。

神社の裏門に演芸場が集まり吉本興業が生まれるまで——天満宮界隈

大阪の芸能事務所といえば、何といっても吉本興業である。テレビや劇場で活躍する多くの芸人やタレントを抱える吉本興業は、大阪で生まれ大阪で成長した芸能事務所であり、いまや日本を代表する芸能事務所でもある。

その吉本興業の発祥地が、なんと大阪市北区の大阪天満宮だったといえば、多くの人が驚くのではないだろうか。神社と吉本興業にどのような繫がりがあったのか？

大阪天満宮といえば、大阪の人から「てんまの天神さん」とよばれて親しまれている神社だ。創建は天暦《てんりやく》三年（九四九）で、祭神は菅原道真《すがわらのみちざね》公である。道真公はもともと怨霊神（御霊《ごりよう》）だったが、道真公が文才に長けた人物だった

天満宮界隈

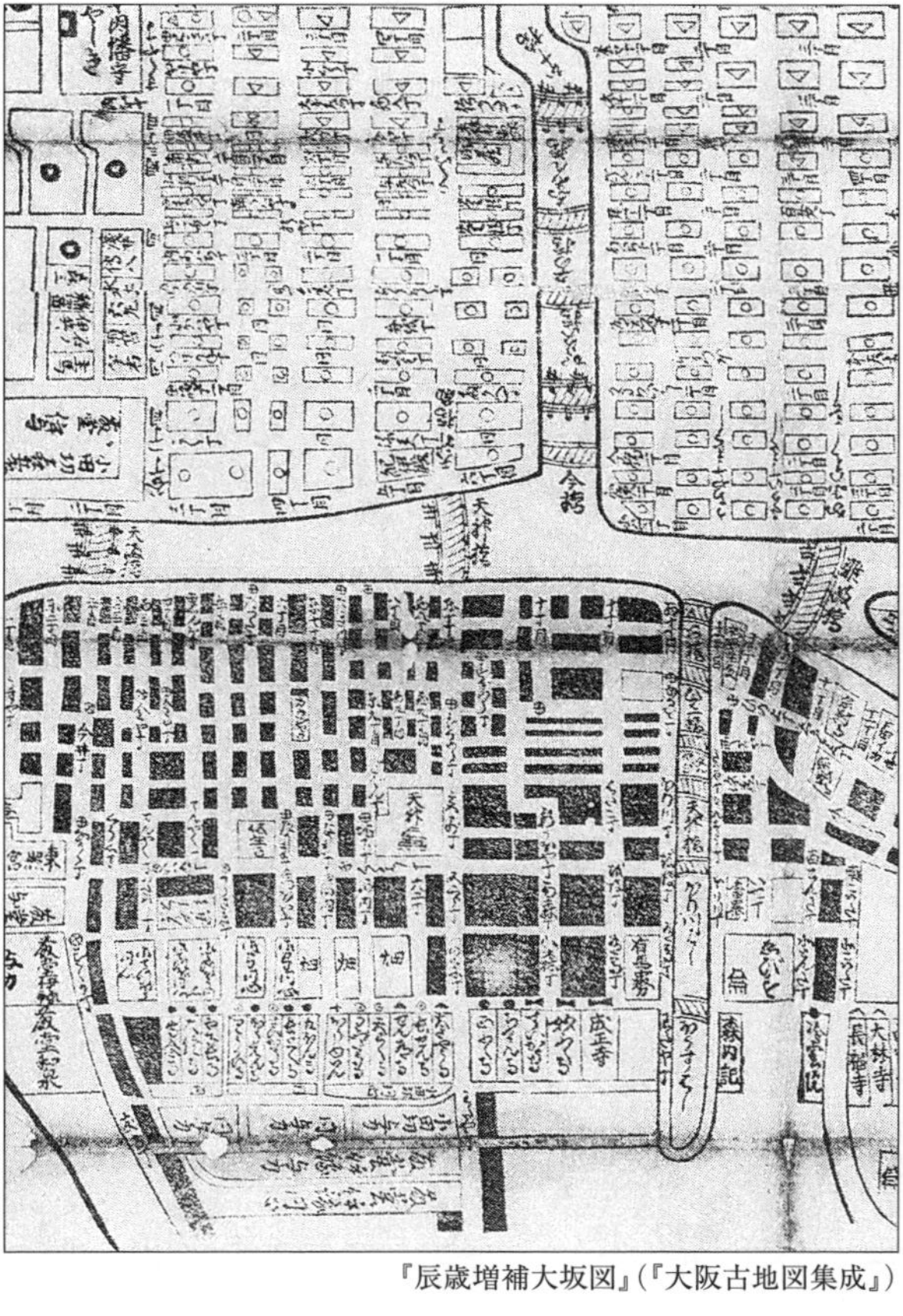

『辰歳増補大坂図』(『大阪古地図集成』)

ことから、やがて文学・書道の神となった。

そのため、天満宮は秀吉による大坂開発以前から文人たちのサロンとして知られていた。江戸時代には天満宮連歌所宗匠《れんがしょそうしょう》として西山宗因《そういん》が推挙され、宗因が自由奔放《ほんぽう》で機知に富んだ俳諧を志した。その門下生には井原西鶴《さいかく》などが名を連ね、後には近松門左衛門《ちかまつもんざえもん》など文人が集うようになった。

こうした文化的雰囲気のなかから、天満宮ではやがて上方歌舞伎や絵草子《えぞうし》、講談・講釈といったさまざまな文化が誕生。天満宮の裏門界隈には芝居小屋や寄席が並ぶようになり、その見物客を相手にした店も立ち並ぶ繁華街として賑わっていた。元禄時代に書かれた『西鶴俗つれづれ　巻五の一』には、天満宮の賑わいの様子が描かれていて、多くの人が集まっていたことがわかる。

明治時代には「天満八軒」とよばれる八軒の演芸場があり、吉本興業は、このうちの一つ「第二文芸館」から産声を上げたのである。

吉本興業の前身が誕生したのは明治四五年（一九一二）のことで、創業者は吉本せいという女性である。

大阪の米屋の娘として生まれたせいは、荒物屋の吉本吉兵衛に嫁いだが、この夫が芸事が好きで、それが高じて遊び回り、ついに吉本家を傾けてしまう。そこでせいは、それほど芸事が好きなら、ということで、天満宮の近くにあった演芸場の一つ「第二文芸館」を買い取り、興行の世界に乗りだしたのである。大正四年（一九一五）には「天満花月」と改名。これが吉本興業の始まりだ。

それから一〇〇年が過ぎ、いまや日本を代表する芸能プロダクションへと成長した吉本興業。芸事が好きで身を持ち崩すような男とせいの出会いがなければ、漫才やコントといったお笑い文化はここまで発展していなかったかもしれない。

大丸百貨店のルーツ呉服屋・松屋はいかにして成功をつかんだか？ ―― 心斎橋

江戸時代後期に刊行された『摂津名所図会』巻之四には、大勢の人で賑わう心斎橋の様子が描かれている。「松屋」という店があり、大勢の人が買い物をしている。店の暖簾《のれん》には大きく「松」という文字が書かれており、その横の暖簾には○印に「大」のマークも見える。

『摂津名所図会』に描かれた心斎橋（国立国会図書館所蔵）

このマーク、大丸百貨店のものとよく似ているが、店の名前は松屋である。どうなっているのかというと、じつは、この心斎橋の松屋こそ、大丸百貨店心斎橋店のかつての姿なのだ。

松屋の創始者は、下村彦右衛門という。貞享四年（一六八七）、京都の伏見京町で古手屋《ふるてや》（古着屋）「大文字屋」を営む下村三郎兵衛の三男として生まれた彦右衛門は、遊び人だった兄を尻目に真面目に働き、お金がたまると伏見京町八丁目の新店舗で呉服の卸業を始めることにした。

開業にあたり商標を考えるが、なかなか良い案が浮かばない。そんなとき、ふと壁の暦を見ると、〇の中に大や小が書かれた符号がある。彦右衛門は「これだ」とひらめき、〇印に「大」の字のマークを商標とした。

彦右衛門いわく、大という字は一と人を合わせたもので、丸は宇宙・天下を表す。すなわち、「天下第一の商人になる」という思いを込めたマークだった。

世間の人々はそんな思いはどうでもよく、「マルダイやろか？　いやダイマルかな？」と読み方に悩んでいたが、いつの間にか「ダイマル」が定着する。

そして享保一一年（一七二六）、彦右衛門は商都・大坂進出を目指し、心斎橋筋の呉服商・松屋清兵衛店から店を譲り受けて呉服店を開く。

このとき決まった屋号は「大丸松屋店」。こうして現在の大丸百貨店が始まった。つまり、大丸とはもともとの屋号でなく、店のマークから生まれた新たな名前だったことになる。

彦右衛門は「半季計算掛売り廃止、正札付《しょうふだつき》現金払い」をモットーに商売を展開した。当時の呉服業界では、盆暮れに年二回、料金を支払うのが常識だったが、その掛売りを廃止し、すべての商品に値札をつけた。これによって店側は料金の回収や値引き交渉などから解放され、効率のよい商売ができるようになり、大丸繁栄の礎《いしずえ》が築かれたのである。

北海道特産の昆布を使ったダシが関西に定着した理由 ―― 西回り航路

関東と関西における食文化の違いの一つに、「醤油」がある。関東では濃口醤油を用いるのに対して、関西では淡口《うすくち》醤油（薄口醤油）を使う。では、醤油の違いが何によって生じるかというと、ふだん、何でダシをとるかである。

関東のダシは鰹節《かつおぶし》が主流だ。鰹節でとったダシは特有な匂いがあるうえ色も付く。それを消すために濃口醤油が好んで使われた。武家社会の江戸では、鰹が「勝男」につながるから好まれたともいわれている。

一方、関西のダシは昆布が基本。昆布に鰹節を合わせたものが主流だ。昆布は色や匂いがなく、鰹節の匂いを消す効果もあるので、色が薄い淡口醤油でも問題ない。しかも、色は薄い割に塩分が強く、少量でしっかりした味がつく。素材の色と香りを楽しむ関西人にとっては、ベストな素材といえるだろう。

『摂津名所図会』に描かれた北前船（国立国会図書館所蔵）

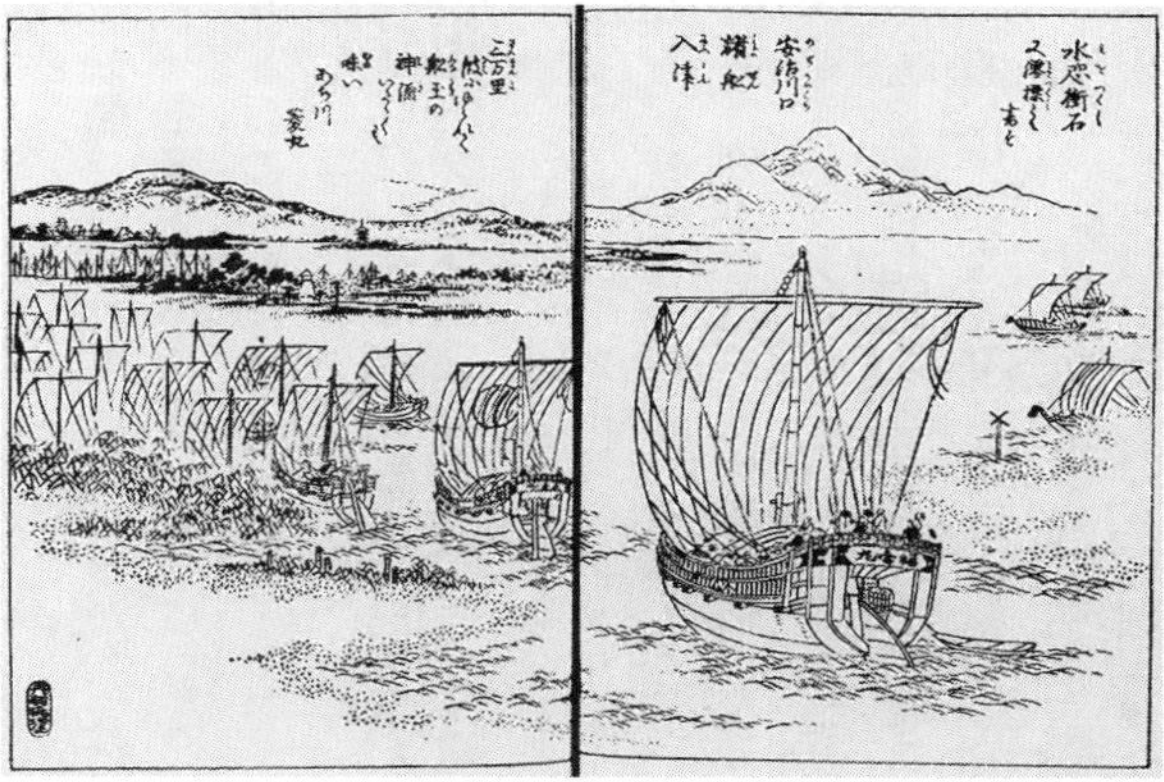

ここで一つ疑問が浮かぶ。昆布といえば北海道の名産であり、大坂から北海道は非常に遠い。それなのに、なぜ大坂で昆布が広がったのか。

その答えは、寛政八年（一七九六）に作成された『摂津名所図会』巻之四下を見ると明らかになる。ここに描かれている北前船の船団が、北海道（松前藩）の港から大坂へと昆布などの物資を運んだのだ。

古来、北からの産物は北陸から琵琶湖を通って京都や大坂まで運ばれていたが、江戸時代に入ると西回り航路が開発され、日本海から下関経由で瀬戸内海を通り大坂にやってくるようになった。

北前船で運ばれてきた昆布が大坂に着くと、堺の上質な刃物と熟練した技術によって切られたり削られたりした。そうしてさまざまな形に加工され、ダシをとるのに使われたのである。

住友グループの原動力となった銅精錬所は、なぜ大坂につくられたのか？――長堀

住友グループは、日本を代表する企業集団の一つである。グループ内には三井住友銀行をはじめとして住友化学、住友商事など世界的な企業がある。「住友」とはつかないが、日本電気（ＮＥＣ）や日本板硝子《いたがらす》もグループの一員だ。

そんな住友グループのルーツとされる企業が住友金属鉱山株式会社である。住友金属鉱山は、江戸時代初期に住友友以《ともモち》が開いた銅の精錬及び銅貿易を扱う「泉屋」に端を発する。友以は「南蛮吹き」とよばれる銀の精錬技術を習得しており、一七世紀前半から大坂で銅の商いを始めた。

寛永一三年（一六三六）、長堀（現在の中央区島之内一丁目）に国内最大級の住

友長堀銅吹所《どうふきしょ》を設立すると、それ以降、日本の銅精錬、銅貿易の中心は大坂が中心となった。

江戸時代後期、文化八年（一八一一）の『鼓銅図録《こどう》』には、住友長堀銅吹所内で行なわれていた南蛮吹きの様子が描かれている。

南蛮吹きでは、粗銅（純度九〇パーセント）と鉛とが混ぜられた合銅を炉のなかで熱し、銅と鉛が溶け合わない性質を活かして、粗銅から純粋な精銅を抽出する。ただし、この精錬の技術については資料が乏しく、再現できていない。

そうした技術を習得した住友以が大坂の長堀に精錬所を設立したのはなぜかというと、大きく二つの理由が考えられている。

一つは歴史的理由だ。設立当時、大坂は夏の陣から復興し、周囲の開発が進んでいたため、精錬所の建設が比較的容易だった。もう一つは、粗銅などの資材や燃料、製品の運搬に便利で、工業用水も手に入れやすい川沿いに立地していたという地理的理由である。

そのように考えると、結束力の強さをウリにする住友グループは、大坂だからこそ生まれた企業といえるだろう。

箕面山瀧安寺

元祖宝くじを生んだのは、箕面山のあの古刹だった！

平成二七年（二〇一五）の年末ジャンボ宝くじでは、一等と前後賞を合わせた賞金額が、なんと一〇億円。これは過去最高額とあって、例年以上の注目度だった。

そんな宝くじの〝元祖〟が大阪にある。箕面《みのお》市の箕面山瀧安寺《りゅうあんじ》（ろうあんじ、とも）で毎年行なわれている「箕面富《みのおのとみ》」だ。平安時代の歌人・藤原兼隆《かねたか》（九八五〜一〇五三）の歌にも登場することから、およそ一〇〇〇年以上の歴史をもっていることになる。

箕面富とは、札を突いて当たった人に「大福守」というお札が授けられる宗教行事。江戸時代後期、寛政一〇年（一七九八）刊行の『摂津名所図会』にも、箕面富の様子が描かれている。

箕面富は高額賞金が当たるわけではない。当たった人に与えられるのは、あくまで霊験《れいげん》あらたかな大福守である。

ただ、お札を購入して当たればありがたいものがもらえるというシステムは宝くじと同じといえる。

瀧安寺は箕面富の売上げを寺の修繕費などに充《あ》てており、このシステムも、収益の一部を街づくりなどに充てる現代の宝くじと一致している。

江戸時代になると、多くの寺社で「富くじ」とよばれる宝くじが行なわれるようになった。これに対し、幕府は人心を乱すとして再三禁止令を出したが、富くじがなくなることはなかった。

しかし、明治時代になると新政府が宝くじを賭博の一種と見なし、全面禁止にする。富くじが宝くじと名を変えて復活したのは、第二次世界大戦末期のことだった。

瀧安寺の箕面富も明治時代に中止を余儀なくされている。しかし平成二一年（二〇〇九）に復活し、いまでは同寺の名物となっている。宝くじで一攫《いっかく》千金を狙うのもいいが、まずは箕面富で霊験あらたかなお札をゲットしてはどうだろうか。

大坂の庶民が松茸狩りに興じ存分に松茸を味わえた理由

金龍寺山

松茸《まつたけ》は、香り豊かな味覚が魅力の高級食材である。国産ともなれば、一キログラムあたり一〇万円はくだらない。

高価なだけに庶民の口にはなかなか入らないが、江戸時代の大坂では庶民が気軽に口にしていたようだ。

寛政一〇年（一七九八）刊行の『摂津名所図会』では老若男女、侍から町民までが松茸狩りに興じている。両手に松茸をもって喜ぶ人、火にかけた鍋から立ちのぼる松茸の香りを楽しむ人。〝松茸天国〟とでもいうべき光景が描かれている。

そもそも松茸が高価なのは、生育環境が限られているからだ。松茸の生育にふさわしい場所は、夏は暑くて残暑があり、台風などによる降雨が多く、秋晴れの日が長い花崗岩《かこうがん》や石英斑岩《せきえいはんがん》の土地。そうした場所に赤松の林があると、たくさんの松茸が採れる。

『摂津名所図会』に描かれた金龍山（国立国会図書館所蔵）

この条件に合致するのはどこかというと、大阪をはじめとする西日本なのである。関東には赤松の林が少なかったため、松茸を食べる文化が育まれなかった。

『摂津名所図会』に描かれた松茸狩りの舞台は金龍寺《こんりゆうじ》山、つまり現在の高槻市成合の邂逅山《たまさかやま》とされている。山の名ともなった金龍寺山は江戸時代には、参詣ついでの桜の花見や松茸狩りの名所としても知られており、みな遊びがてら松茸を採って食していたのである。

ただし、金龍寺は明治時代に荒れ果て、昭和五八年（一九八三）には本堂が焼失してしまい、かつての松茸狩りのような賑わいはない。松茸を採りに出かけたとしても、成果は期待できないので悪しからず。

明治政府が、東京でなく大阪で硬貨を鋳造した事情とは？ ——造幣局本部

大阪で花見の名所といえば、「造幣局《ぞうへいきょく》の桜の通り抜け」があげられるだろう。大阪市北区天満の造幣局に桜並木があり、毎年春になると多くの花見客で賑わう。

造幣局とは、明治四年（一八七一）につくられた日本の硬貨の製造所。明治時代に入って早い時期に建設されたのは、実業家・五代友厚《ごだいともあつ》の提案による。彼は統一通貨をつくることによって外国からの経済的信頼度を高めようと新政府の要人・大久保利通《としみち》に進言。これを大久保らが受けいれた。

建設当時、造幣局の敷地は現在の川崎橋から源八橋《げんぱちばし》と谷町筋《たにまちすじ》に囲まれた一帯で、五万六〇〇〇坪という広大なものだった。これは阪神甲子園球場全体の四・八倍に及ぶ世界最大の規模である。

明治四四年（一九一一）に作成された『国土地理院　大阪西北部』を見ると、確かに広い敷地を誇っていたことがわかる。

では、なぜ造幣局は大阪につくられたのだろうか。東京を首都にするのなら、造幣局も東京に建設するのが普通のように思えるが、どういうわけか大阪が選ばれた。不思議である。

じつは、硬貨をつくるには想像以上に広い土地が必要なのだ。

原料を溶かして鋳塊《ちゅうかい》という塊をつくり、その塊を加熱して延ばして貨幣の厚みに仕上げる。この工程で大量の水を必要とするため、水利のよい場所ではなければならない。さらに機械器具や大量の資材を置くスペースもいる。そうした条件を考えたうえで、大阪の旧幕府御破損奉行《はそんぶぎょう》役所（建設省にあたる）材木置き場の跡地を造幣局の建設地に選んだのである。

また、財政的な側面から見ると、明治新政府は十分な財源をもっていなかったため、天下の台所とよばれた大坂の資本を当てにしたともいわれている。

造幣局が大阪にできたことによる影響は非常に大きかった。貨幣製造に必要な硫酸やソーダが国内で生産され始めると、それが近代化学工業の発展のきっかけとなったからだ。もう一つ、もし大阪に造幣局がなければ、桜の通り抜けもできなかっただろうから、大阪市民はもっともっと造幣局に感謝すべきなのかもしれない。

第五章

地名から浮かび上がる「大阪の謎」を解く

――変わった地名・不可解な地名のエリアを歩く――

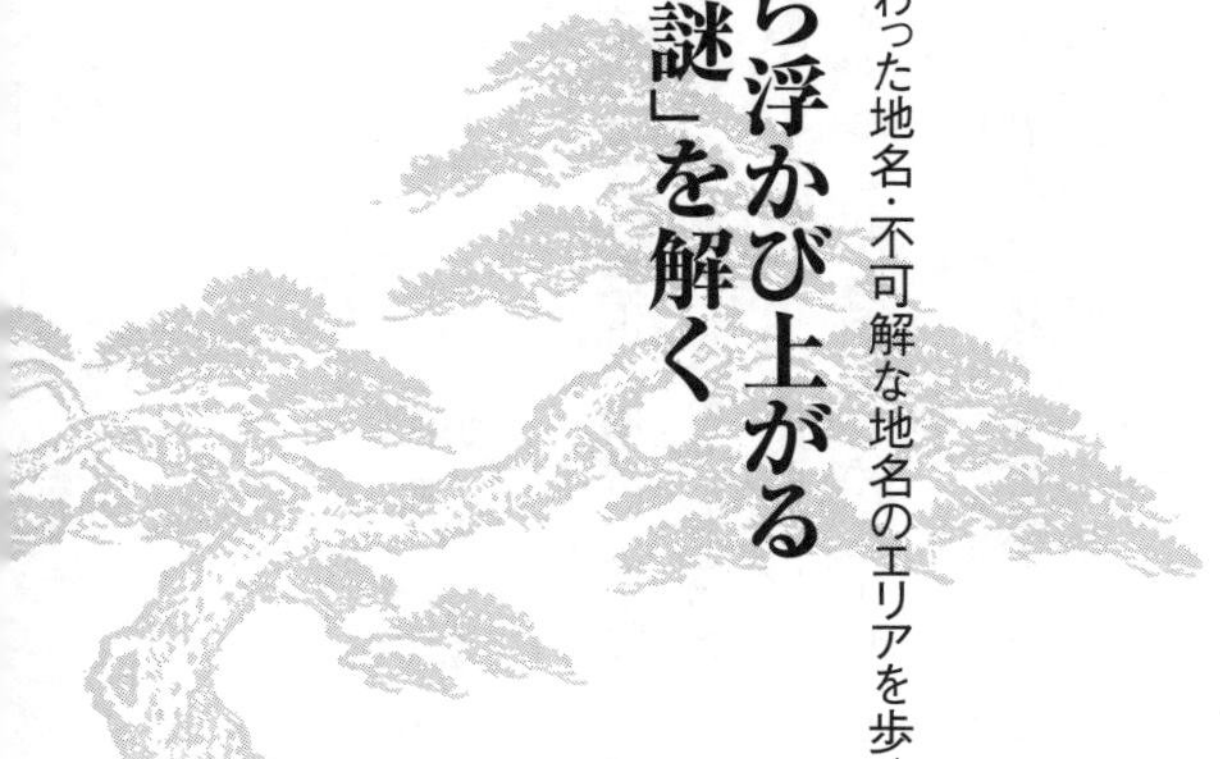

大坂と大阪

「坂」から「阪」へと表記が変わったのは、いつからか？

「オオサカ」は現在では「大阪」と書くが、かつては「阪」ではなく「坂」の字を用い「大坂」と表記していた。

大坂の表記が史料で確認できる最古の例は、室町時代に活躍した浄土真宗本願寺派の僧・蓮如《れんにょ》が書いた『蓮如上人御文《しょうにんおふみ》』とされる。

これは明応五年（一四九六）の秋、上町台地の一角に御坊《ごぼう》をつくり、そこを布教の拠点とすることを門徒に知らせるための手紙。その手紙のなかに「大坂トイフ在所」とある。

そのほか、中世につくられた『小松寺奉加帳』などにも「大坂」という文字が見られる。

では、いつ頃から「大阪」と書くようになったのかというと、一般的には明治維新後、新政府が「大阪」と記すようになったといわれている。しかし、例外もたくさんある。

たとえば、天保一〇年（一八三九）に発行された『大阪新町細見図《さいけんのず》』。これはタイトルに堂々と「阪」の字を使っている。さらに、文化三年（一八〇六）の地図にも「阪」の字が見られる。

地図に「阪」の字が使われているということは、この頃にはすでに「阪」という字が使われることがよくあったのだろう。

ただし、従来どおり「坂」の字も使われており、当時は厳密な使い分けをしていなかったことがうかがえる。

その後、明治時代になると「阪」の字を使うことが決められた。

「坂」という字を二つに分けると「土」と「反」になり、これは「土に反る《かえ》（消えてしまう）」という意味を連想させ、あまりイメージが良くない。そうした理由で、「阪」に統一されたようである。幕末の狂言作者浜松歌国《うたくに》も『摂陽落穂《せつようおちぼ》集《しゅう》』で同じようなことを述べている。

しかし、新政府が「阪」に統一したあとも、公文書などで「坂」の字を用いることはたびたびあり、きちんと統一されたのは明治二〇年（一八八七）前後といわれている。

「筋」と「通り」

道の呼び方が、南北と東西で異なるようになった理由

大阪では、南北に延びる道を「筋」といい、東西に延びる道を「通り」という。たとえば、御堂筋や心斎橋筋、堺筋といえば南北に延びている道をさす。

一方、京都では、南北に延びる道も東西に延びる道もどちらも「通《とおり》」といい、一般的には、この呼び方を採用しているところが多い。

では、なぜ大阪では、わざわざ南北の道と東西の道を言い分けることになったのだろうか。

「南北に延びる道＝筋」、「東西に延びる道＝通り」のルールを決めたのは、豊臣秀吉である。一六世紀後半、秀吉が大坂城を築城し、その周囲に城下町・大坂をつくっていたときに定めた。

江戸時代の弘化《こうか》年間（一八四四〜一八四八）に作成された『浪華名所獨案内《なにわめいしよひとりあんない》』にも南北の道は「筋」、東西の道は「通り」と記されている。

現在、大阪では通りの名前よりも筋の名前のほうがよく知られているが、当

時のメインストリートは、港方面と大坂城方面を結んで東西に延びる「通り」のほうだった。通りには大店《おおだな》がズラリと並び、寺や家々が正面を向けて軒を連ね、多くの人々が行きかっていた。町の区画も通りが中心で、通りをはさんでその両側に建つ店や家を一くくりとして町とした。

一方、南北に通る筋の両側は、建物の横壁が並ぶだけで、ひっそりとしていた。筋はいわば南北へと抜ける裏道だったのである。

ちなみに、筋には心斎橋筋、淀屋橋筋、難波橋筋など、「橋」の名が多くつけられているが、これも裏道だった名残といわれている。筋にはこれといって目印になるような建物などがあまりなかったため、筋の先にある橋の名をつけて「○○橋のほうへ抜ける道」といった意味をもたせたようだ。

大阪と東京の中心地に同じ地名がある謎

京橋と日本橋

大阪と東京には、共通の地名がいくつか存在する。たとえば、大阪市都島区と東京都中央区の「京橋」、読みは異なるが大阪市中央区の「日本橋《にっぽんばし》」と東京都

「京橋」が確認できる江戸初期の地図

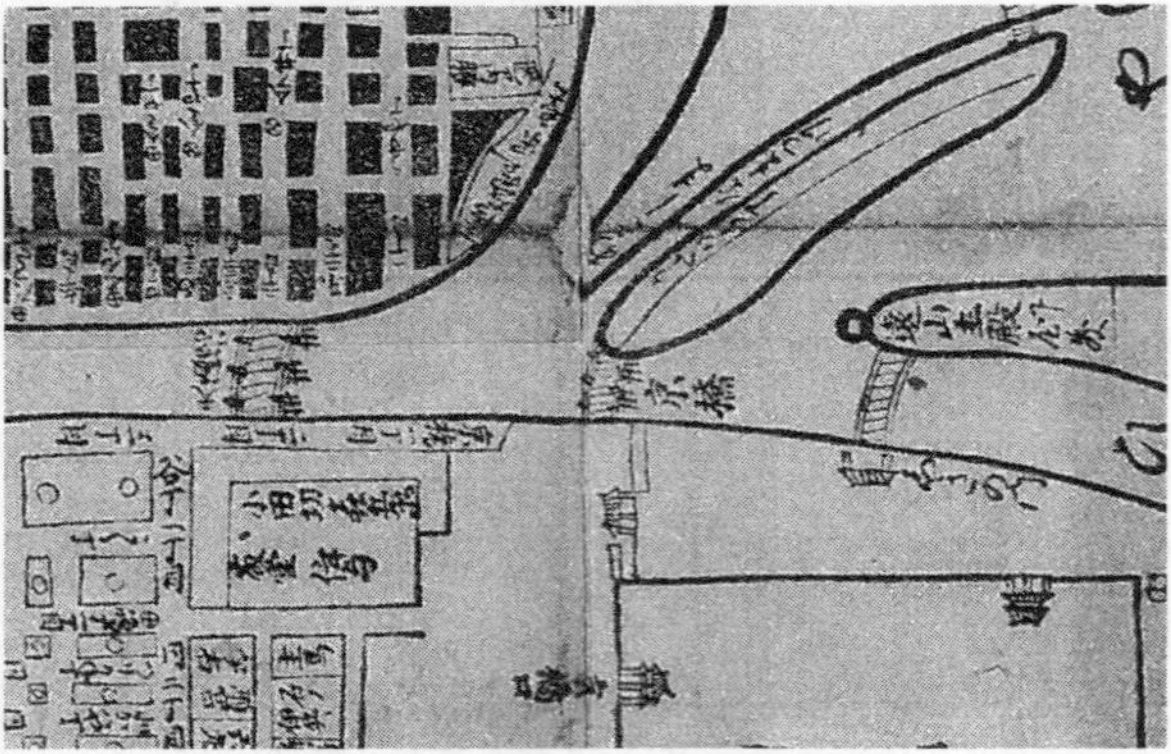

「日本橋」が確認できる江戸初期の地図

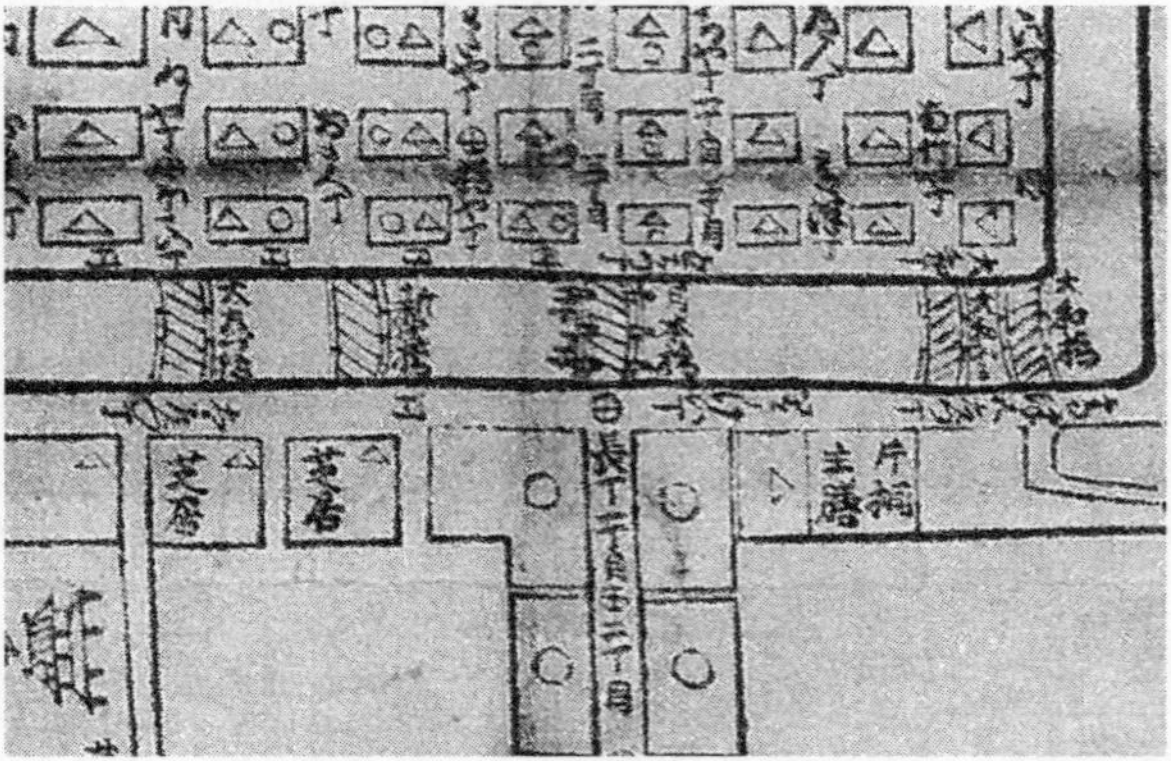

『辰歳増補大坂図』(『大阪古地図集成』)

中央区の「日本橋《にほんばし》」などがあげられる。

江戸時代初期の元禄元年（一六八八）に発行された『辰歳増補大坂図』からも、京橋や日本橋が確認できる。いずれも安土桃山時代から江戸時代に架けられた橋の名前に由来する地名だ。

京橋は、大坂・東京どちらにおいても、「京都に通ずる橋」の意味で名づけられた。大坂の京橋は京街道や大和街道の出発点であると同時に、一時的ではあるが東海道五十七次の終点でもあったため重要視されていた。

一方、東京の京橋は京橋川に架かっていたが、昭和三四年（一九五九）に京橋川が埋め立てられると京橋も撤去され、現在では地名に名を残すのみとなっている。

では日本橋はどうだろうか。

東京の日本橋の地名は、江戸から全国に延びる五街道の起点として江戸幕府により整備された橋に由来する。現在も日本の道路網の基点であることに変わりはなく、周囲には日本を代表する企業の本店が並んでいる。日本橋の名称は、江戸で一番の橋ということで名づけられたとされるが、二本の木材を渡して橋としていたことから転じて日本橋になったという説もある。

これに対して大坂の日本橋はというと、京橋とともに大坂では数少ない幕府が直接管理する公儀橋だった。現代では御堂筋が栄えているが、江戸時代は日本橋を通って市中を南北に貫く堺筋のほうが主要な存在だったのだ。名前の由来は大阪市市史編纂所《へんさんじょ》に尋ねたものの、よくわかっていないという。ただ、繁華街の重要地であったのでスケールの大きな名前をつけたと考えられているようだ。

現在の日本橋は、西日本最大の電気街、そしてサブカルチャーの牽引地として、東京の秋葉原、名古屋の大須《おおす》とともに知られている。

桜橋

その名の由来となるべき橋も川もない交差点の地名の謎

梅田停車場から南に下った国道二号線と四ツ橋筋の交差点は、「桜橋」という名がついている。桜橋というからには桜のキレイな橋が架かっていると思いきや、周囲を見渡しても桜の木はなく、橋さえも架かっていない。

周辺の店が人を集めようとして誇大《こだい》広告のような地名をつけた、というわけではない。事の真相は、弘化《こうか》四年（一八四七）に発行された『弘化改正大坂細見図』を見るとわかる。

この付近にはかつて蜆川《しじみがわ》（曽根崎川）が流れていた。蜆川は現在の堂ビルのあたりから分流し、堂島と曽根崎の間を流れて船津橋付近で再び堂島川に合流する。江戸時代、治水家として知られる河村瑞賢《ずいけん》が改修したもので、一帯は南側に堂島新地、北側に曽根崎新地が開かれた遊所となっていた。

そして、蜆川には一〇本の橋が架かっていた。上流部から難波小橋、蜆橋、曽根崎橋……ときて、四本目が桜橋。この桜橋が地名の由来になったのである。近松門左衛門の名作「心中天網島《しんじゅうてんのあみじま》」の一節「名残の橋づくし」では、「別れを嘆き悲しみて、跡に焦《こ》がるる桜橋」と桜橋の名がたくみに読み込まれており、大坂人にはなじみ深い橋だったことがわかる。

しかし、桜橋は明治時代末期に姿を消してしまう。明治四二年（一九〇九）七月三一日、「キタの大火」とよばれる火事が起こり、空心町から出た火が強風にあおられ西へと延焼した。蒸気ポンプや手押しポンプなど計三〇台以上が出動したが、火勢は強く火の広がる先の家を取り壊して延焼を防ぐのが精いっぱいだった。結局、火は一昼夜燃え続け、福島のあたりで鎮火した。六人の死者を出し、一万戸以上が焼失。被災面積の三七万坪は甲子園球場三一個分に当たる。二〇の町が全焼するという史上有数の大火となった。

この大火の後、蜆川は焼け崩れた家屋の瓦礫《がれき》などで徐々に埋め立てられ、大正一三年（一九二四）には橋とともに消えてしまったのである。現在は桜橋、梅田橋といった名前と、曽根崎川橋跡や蜆橋跡の碑だけが歴史を伝えている。

あの商店街の地名と大坂城の三の丸との関係は？

空堀

地下鉄谷町線・谷町六丁目駅で下車すると、東は上町筋、西は松屋町筋まで続く東西約八〇〇メートルの空堀《からほり》商店街がある。上町台地を東西に横切っているため、坂道の多い商店街だ。

この商店街の一帯は「空堀」とよばれている。ちょっと変わった地名だが、なぜそのような名前になったのか。

大坂城の空堀（カラホリ）

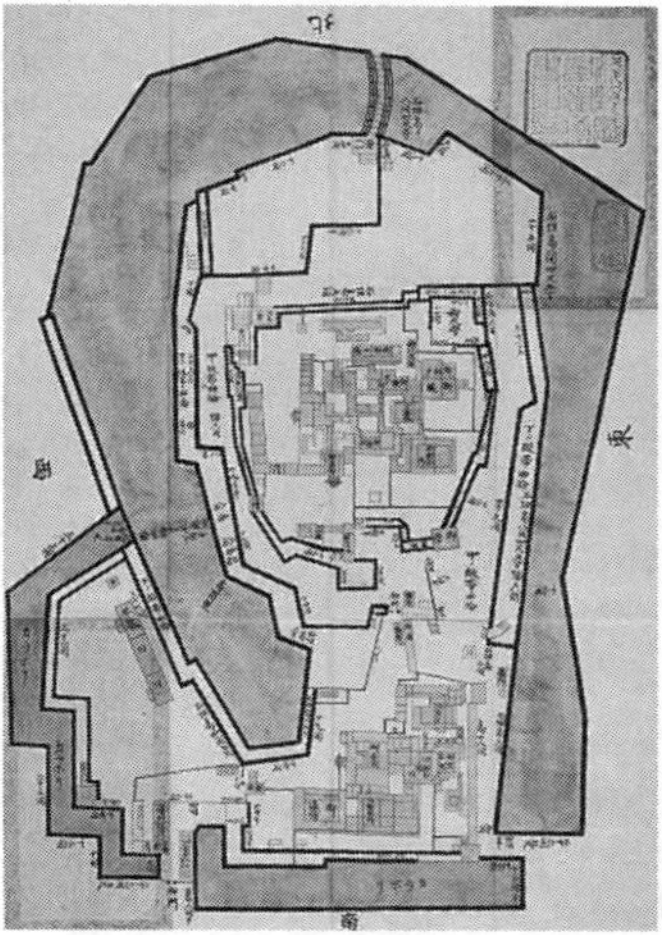

『諸国古城図』広島市中央図書館所蔵

そもそも空堀とは、文字どおり水のない堀のことで、戦時にだけ水を入れて城などの防御とした。商店街の周囲を見渡すと、確かに近くに大坂城がある。もしや大坂城と空堀の地名との間に何か関係があるのだろうか。

この推測は、じつに的を射ている。

大坂城は一六世紀後半、豊臣秀吉によって築かれた。当時の大坂城を描いた『諸国古城図』を見ると、現在よりも大きな城だったことがわかる。本丸を中心として二の丸、三の丸があり、三の丸は、北が大川（淀川）、東が大和川、南が空堀、西が東横川に囲まれていた。昔の城は、防衛のために川や堀で囲まれていたのだ。

ここで注目すべきは、三の丸に空堀があること。現在の地図と合わせると、『諸国古地図』に「カラホリ」と記されている場所と一致する。つまり、大坂城の空堀だった場所が現在の空堀商店街というわけだ。

時代を下り、江戸時代中期の宝暦九年（一七五九）の地図では、空堀一帯に「生駒丁」と記されている。それが文化三年（一八〇六）の地図では「生駒丁（通称カラホリ）」と記されているので、このころには「カラホリ」とよばれていたことがわかる。そして明治時代中期の明治二三年（一八九〇）の地図から、生駒という地名が消えて「空堀町」となり、現在に至っている。

三方が陸続きなのに地名に「島」の字がある理由とは？　島之内

大阪市中央区南西部に「島之内」という地名がある。北は国道三〇八号線、南は道頓堀川、東西を阪神高速環状線が走る一帯である。

ここで一つ、疑問が浮かぶ。

南に道頓堀川があるとしても、三方は陸続き。「島」らしきものはどこにも見

四方を堀に囲まれた島之内

『弘化改正大坂細見図』(『大阪古地図集成』)

当たらない。

にもかかわらず、なぜ島之内という地名がつけられたのだろうか。

その謎を解く鍵は古地図にある。

江戸時代に制作された地図を見ると、現在の島之内エリアは北が長堀川、東が東横堀川、西が西横堀川、南が道頓堀川に囲まれている。つまり、四方を川に囲まれた〝島〟のような立地になっていたのである。

当時の島之内は東西一四〇〇メートル、南北七〇〇メートルほどの長方形の土地で、面積は約三〇万坪（約一〇〇ヘクタール）で、現在の大阪城公園くらいの広さだったと見られる。

この特殊な地形を生かし、島之内では芝居の興業が行なわれたり、遊所がつくられたりした。そして、大坂南部の花街の拠点としておおいに発展したのである。

その島之内がいつ頃から〝島〟でなくなったのかというと、昭和に入ってからである。

昭和六年（一九三一）に西横堀川が、昭和八年（一九三三）には長堀川が埋め立てられて陸続き部分ができ、島ではなくなった。現在、島之内の西部分は、心斎橋の商店街、東部分は堺筋のオフィス街となっている。ただ、宗右衛門町《そ(う)えもんちょう》は花街のままである。

豊臣秀吉由来の地名が江戸時代にすでに定着していた！――天下茶屋

「天下茶屋《てんがちゃや》」――。何とも晴れやかなイメージの地名ではないか。大阪市西成区にある天下茶屋は、大阪の基礎をつくった、豊臣秀吉ゆかりの地名である。

かつてこの地には、千利休の師匠にあたる武野紹鷗《たけのじょうおう》の住居があり、その跡地に芽木小兵衛という人物が茶屋を出していた。秀吉は、大坂城から住吉大社へ参詣したり堺に出向いたりした際、利休の勧めでしばしば立ち寄り、茶をたてて休憩した。

そこから秀吉の呼び名である太閤殿下にちなんで「殿下茶屋」と名づけられ、のちに殿下が「天下」に転訛して「天下茶屋」になったと伝わる。天下人・秀吉にとっては、殿下茶屋より天下茶屋のほうがふさわしいという意味も込めら

『摂津名所図会』に描かれた天下茶屋（国立国会図書館所蔵）

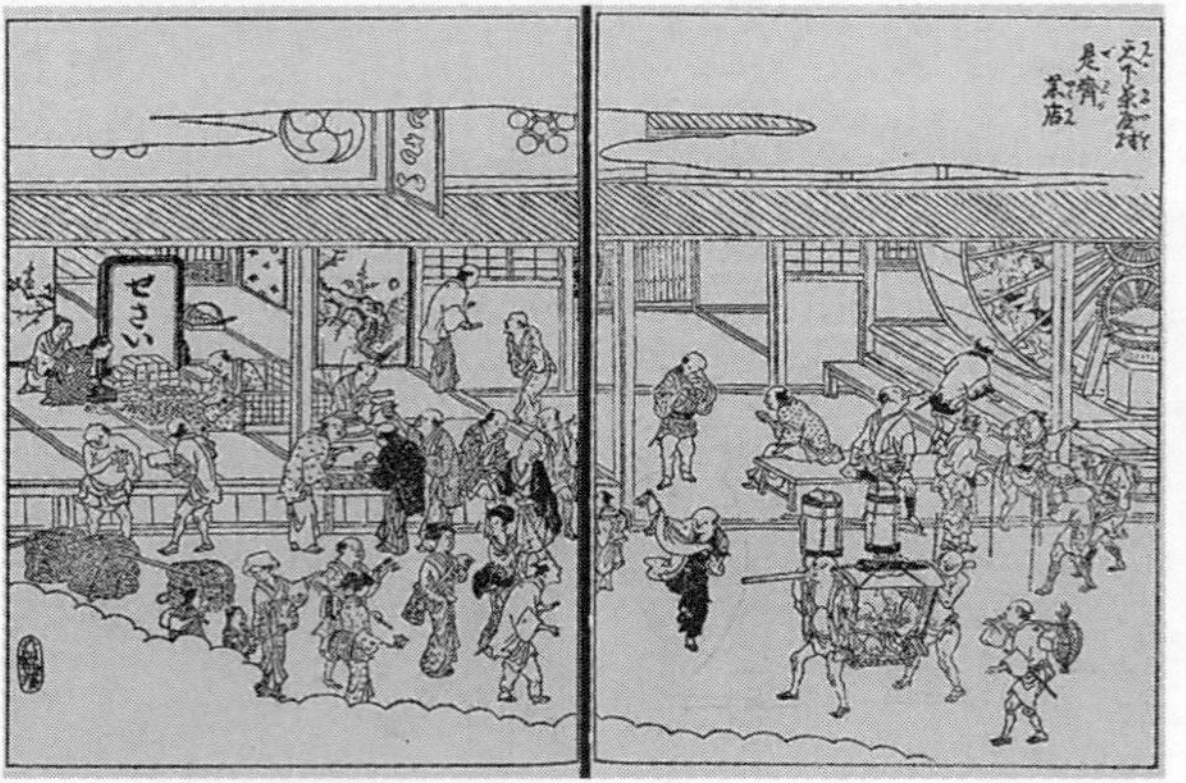

れているのだろう。

天下茶屋という地名は、江戸時代にはすでに定着していたようで、文政一三年（一八三〇）発行の『浪華《なにわ》名所《めいしよ》獨《ひとり》案内《あんない》』にも、しっかりとその名が記されている。

なんと秀吉が茶をたてたとされる場所は、昭和の世になっても存在していた。芽木邸の五〇〇〇平方メートルもある広大な敷地に、秀吉が名づけた名水「恵水」の出る井戸や、秀吉の茶室と称される小屋、諸大名が泊まったとされる御殿が残っていたのである。

しかし、その貴重な茶屋は、昭和二〇年（一九四五）の空襲によって焼失してしまい、現在では樹齢三五〇年といわれる楠《くすのき》の古木と土蔵が残るのみとなっている。

地名にその名を残す大正区の開祖にして「義人」だった人物とは?――勘助島

江戸時代後期の文久三年(一八六三)に発行された『改正増補国宝大坂全図』には、現在の大阪市大正区三軒家東地区のあたりに「勘助島」という地名が記されている。さらに昭和の地図を見ると、浪速区に勘助町という地名を確認できる。

勘助とは人の名前のような地名だが、いったいどこの勘助だろうか。

大坂の古地図に名を残す勘助とは、中村勘助のこと。天正一四年(一五八六)年、相模(神奈川県)で生まれ、豊臣家に仕えた人物である。

慶長一五年(一六一〇)、中村勘助は主家のために軍船停泊所をつくり、寛永七年(一六三〇)には木津川河口の葭島《よしじま》(現在の大正区)を開発して田地とした。『改正増補国宝大坂全図』にある「勘助島」は、このときに中村勘助が開発した

中村勘助にちなむ地名「勘助島」(勘助嶋田地)

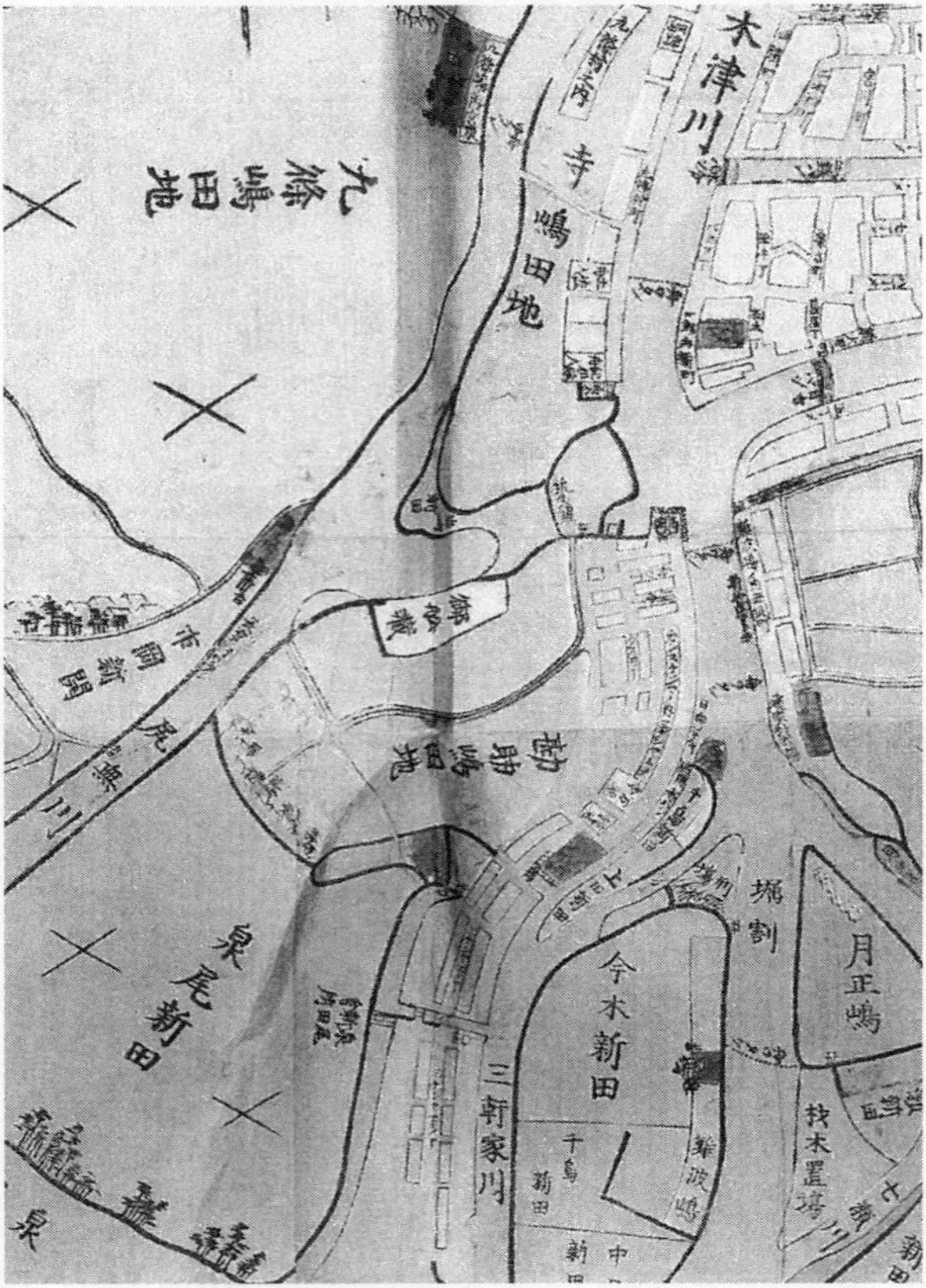

『改正増補国宝大坂全図』(『大阪古地図集成』)

田地を指している。

この功績によって、中村勘助は「大正区の開祖」とよばれた。

中村勘助の功績はこれだけではない、寛永年間（一六二四〜一六四四）に畿内一帯を襲った大飢饉の際、大坂城の備蓄米の放出を願い出、それを拒否されると私財を投げ打って村人に分け与えた。

しかし、それだけでは足りず、勘助は村人を救うために幕府の蔵破りも行なった。

この罪により、中村勘助は所持していた田畑を没収され、事蹟も抹消されたうえ、死罪が言い渡された。寛文元年（一六六一）のことである（葦島に流されて亡くなったとも）。

中村勘助は自らの身を顧《かえり》みず人々を救おうとした義人である。その功績から、地名として残され、大正区や浪速区では長く敬愛されてきたのである。

現在は地図の上から消えてしまったが、浪速区の唯専寺《ゆいせんじ》には勘助の墓所があり、勘助橋跡や義田碑などの記念碑も立っている。

大阪人のタコ焼き好きを物語るユニークな伝説とは？——蛸薬師・天性寺

たこ焼きに始まり、たこ天、たこめし、酢だこ、たこマリネ、たこのカルパッチョ……大阪人はタコが大好きだ。なかでも〝ソウルフード〟ともいえるたこ焼きは別格で、家庭用たこ焼き器が一家に一台は必ずあるといわれている。

歴史的に見ても、大阪人とたこのつき合いは非常に古い。大阪市旭区の森小《もりしょう》路《じ》遺跡からイイダコ漁のタコ壺が出土しており、いまから二〇〇〇年前の弥生時代にはすでに食べられていたことがわかっているのだ。

ただし、美味しいからという理由だけで食べていたわけでない。タコはタイと同じように「ハレの日」の食べ物でもあった。たとえば夏至の頃、田植えが終わると、その祝いのご馳走としてタコを食べたのである。これは、タコの足がちょうど豊作状態の稲穂に似ているからとか、植えた苗がタコの吸盤のように田に根づくことを願ってといわれている。

タコが信仰の対象だったことは、古地図からも見てとれる。貞享四年（一六八七）に発行された『新撰増補大坂大絵図』を見ると、平野の全興寺《せんこうじ》（大阪市平野区平野本町）のところに「タコヤクシ」と書かれている。

全興寺は本堂に続く階段上の蟇股《かえるまた》にタコの彫刻が彫られていることから、本尊の薬師如来が「蛸薬師」とよばれていた。タコを食料としてしかとらえていなければ、寺院の装飾にするはずがない。

天保元年（一八三〇）に作成された『岸和田城下図』にもタコとのつながりを示す記述がある。

安土桃山時代の天正年間（一五七三〜一五九二）に、岸和田城が紀州の根来衆《ねごろしゅう》から攻撃を受けたことがあった。岸和田城側が劣勢に立たされると、一人の法師と大小の無数のタコが出現。タコが毒ズミを吐いて、根来衆を蹴散らし、みごと城を救った。のちに城の堀のなかから矢傷を負った地蔵が見つかると、法師と縁があるものだとして城内に安置され、やがて城下の天性寺《てんしょうじ》の本尊になったと伝えられている。

この伝説から地蔵を「蛸地蔵」とよぶようになり、『岸和田城下図』の天性寺の横に蛸地蔵と注釈がついているのである。

四天王寺

聖徳太子が建てたあの寺の『日本書紀』に記された意外な来歴とは？

四天王寺は、大阪市天王寺区にある和宗《わしゅう》の寺院である。奈良の斑鳩寺《いかるがでら》と並ぶ日本最古級の寺院で、建立者はかの聖徳太子。古くから、大阪の人々に信仰され、貞享四年（一六八七）の『新撰増補大坂大絵図』など大坂を扱う多くの絵図でやや大きめに描かれている（その理由は207ページ参照）。

この寺院が創建されたのは、推古天皇元年（五九三）のこと。『日本書紀』によると、仏教を広めようとする豪族・蘇我《そが》氏と反対勢力である物部《もののべ》氏とが抗争を起こした際、蘇我氏側についた聖徳太子が戦勝祈願として四方を護る持国天《じこくてん》、増長天《ぞうちょうてん》、広目天《こうもくてん》、多聞天《たもんてん》の四天王像を彫りあげ、勝利したあかつきには、四天王を祀る寺を建立するとの願をかけた。そして蘇我氏側が勝利すると、聖徳太子は誓願どおりに四天王寺を建立した。

しかし、創建されたのは現在地ではない。じつは最初は難波玉造《たまつくり》に建っており、のちに現在地に移転したとする説があるのだ。

大きめに描かれる四天王寺

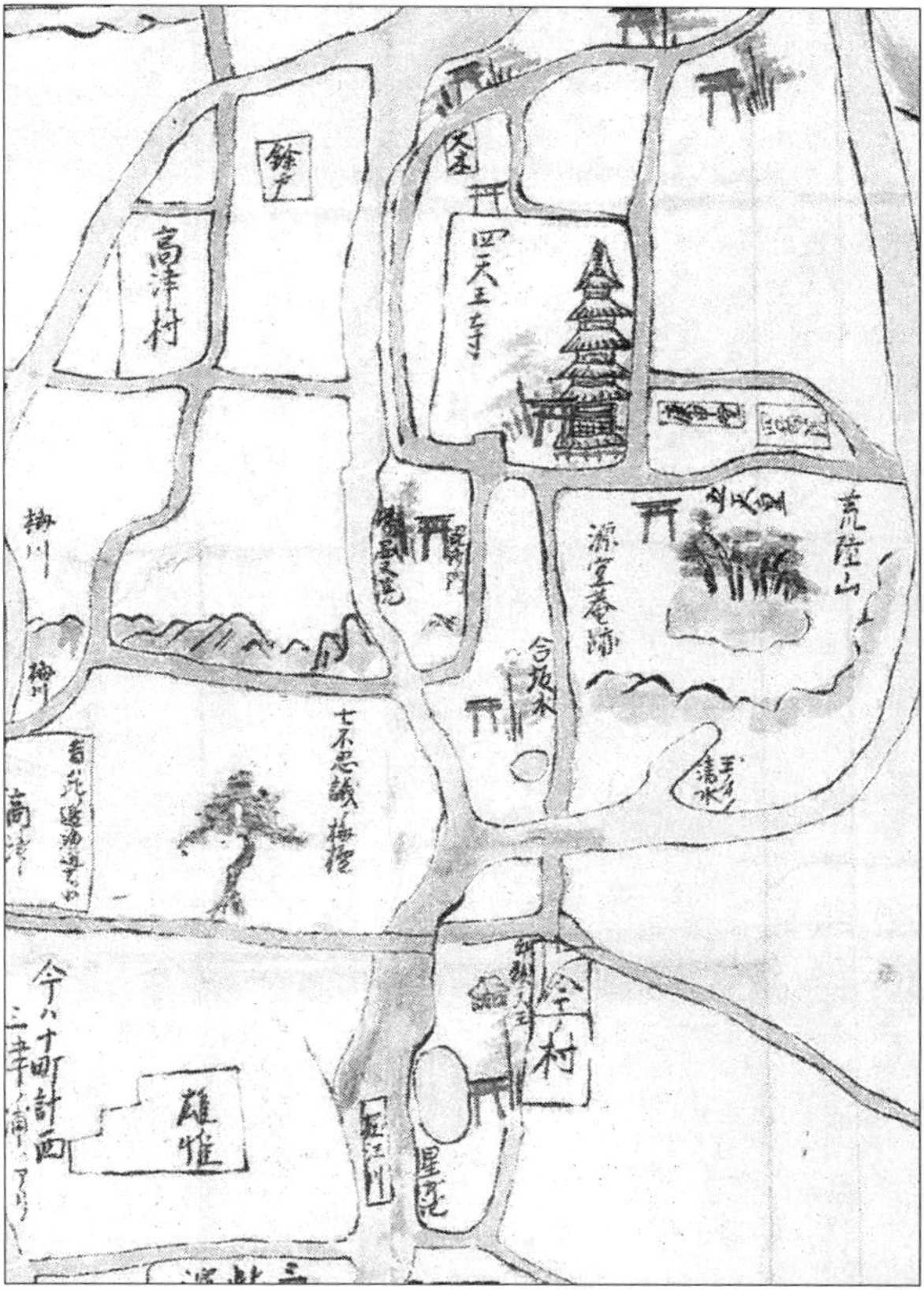

『難波往古図』(『大阪古地図集成』)

『聖徳太子伝暦』や『四天王寺御手印縁起《ごしゆいんえんぎ》』によると、四天王寺は用明天皇二年（五八七）に難波玉造の岸辺に建てられたといい、現在の森之宮神社（大阪市中央区森ノ宮中央）がその場所にあたる。

難波玉造に四天王寺が建っていたとすると、そのすぐ西側は大坂湾の入り江である。往来する外国船から大寺院の伽藍《がらん》が目撃できたという状況から、外国人に丹青色《たんせい》のあざやかな大伽藍を見せることによって技術水準の高さを知らしめようとしたのではないかと考えられているのだ。

四天王寺移転説の真相は定かではない。四天王寺の公式見解も移転説には否定的であり、現在の天王寺区が四天王寺に由来する地名であることは揺るぎない事実である。

東京・お茶ノ水を髣髴《ほうふつ》させる澄んだ湧水にちなんだ地名とは？——清水谷町

東京にある御茶ノ水《おちやのみず》は、その場所から湧く水が将軍家のお茶に使用されたことから、その名がついたとされている。

鷹狩りの帰りに高林寺に立ち寄った将軍が、庭の湧水で茶を飲み、その水が気に入って将軍家の「お茶の水」にしたといわれている。

高林寺はのちに駒込へ引っ越ししてしまい、湧水もなくなってしまったが、地名だけは現存している。

これと同じような場所が、じつは大阪にも存在する。大阪市天王寺区の清水《しみず》谷町《だにちょう》だ。

このあたりは上町台地の東傾斜の谷地形に位置し、かつては清水が湧き出ていた。その湧水を豊臣秀吉が「お茶の水」として使用していたというのである。

江戸時代後期に作成された巡見図『表裏七軒・広小路・寺山・十三小路・清水谷御屋舗之図』は武家屋敷の屋敷割を示した地図だが、そこには広小路筋の南突き当たりに「清水谷屋敷」がある。広大な敷地をもつ屋敷だ。ここが豊臣家下屋敷・同御茶屋だったのである。

一帯は大坂城三の丸に位置する場所、かつては大坂城の敷地内に含まれていた。清水谷町にほど近い場所にある玉造稲荷神社は豊臣・徳川時代を通じて大坂城の鎮守神《ちんじゅがみ》として崇拝されており、その南西にあたる祢宜町《ねぎまち》とよばれた場所には千利休が屋敷を構えていたと伝えられている。利休もこの地の湧水を茶の湯として使用していたのだ。一帯から出る水は「玉造清水《たまつくりのしみず》」とよばれていた。当然ながら、現在の清水谷という地名もこの名水に由来している。

玉造稲荷神社の本殿前には「利休井」もある。この井戸は、かつて秀吉や利休が茶の湯に使った玉造清水と同じ水脈を平成一八年（二〇〇六）に採掘したもの。平成になって蘇った玉造清水で、ぜひ一度、茶の湯を楽しんでみたいものだ。

第六章

――中世の風景を想像して歩く――

「古地図の大疑問」から巨大都市の今昔を探る

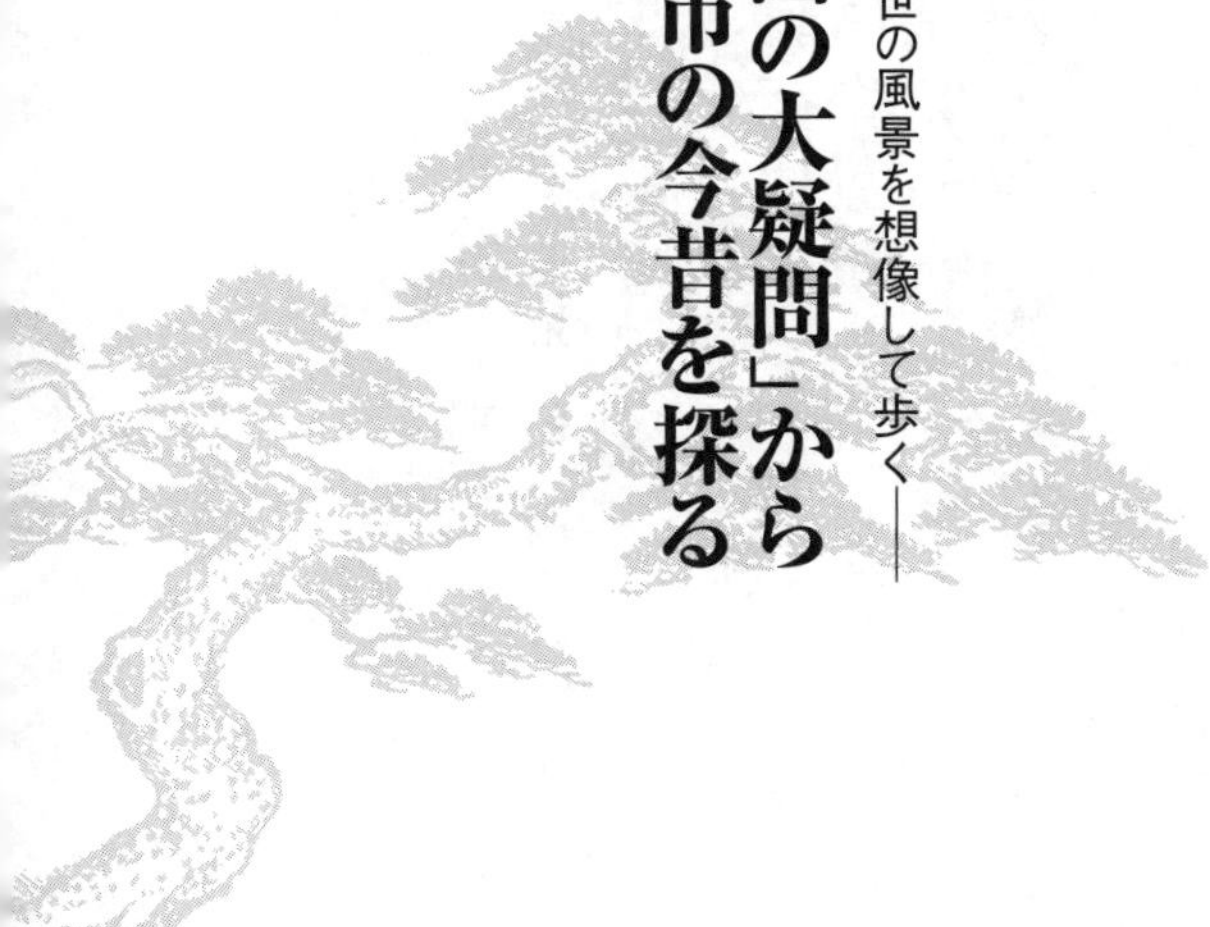

江戸時代の地図に記された「●」や「▲」の記号の意味とは？——大坂三郷

文化三年（一八〇六）に発行された『増脩改正摂州大阪地図《ぞうしゅうかいせいせっしゅう》』など、江戸時代に制作された大坂の町の地図を見ると、地図上に「●」「▲」「△」という不思議な記号がたくさんあることに気づく。

これらはいったい何かというと、当時の行政区画表示である。

江戸時代中後期の大坂の町は、現在の中央区、北区の南半分、西区の東半分を範囲とする、人口約三五万（一七〇三年）の大都市だった。そのため区割りしたほうが統治しやすかったのか、町を北から天満組・北組・南組の三つに分けていた。この三つの区画を「大坂三郷《さんごう》」という。

大坂三郷は現代の「区」のようなものと考えればわかりやすい。その区画が一目で判別できるよう、地図上では天満組は△、北組は●、南組は▲マークを用いて表現したのである。

地図を見ると、それぞれの行政範囲がよくわかる。本町通りを境に、大川よ

不思議な記号のある地図

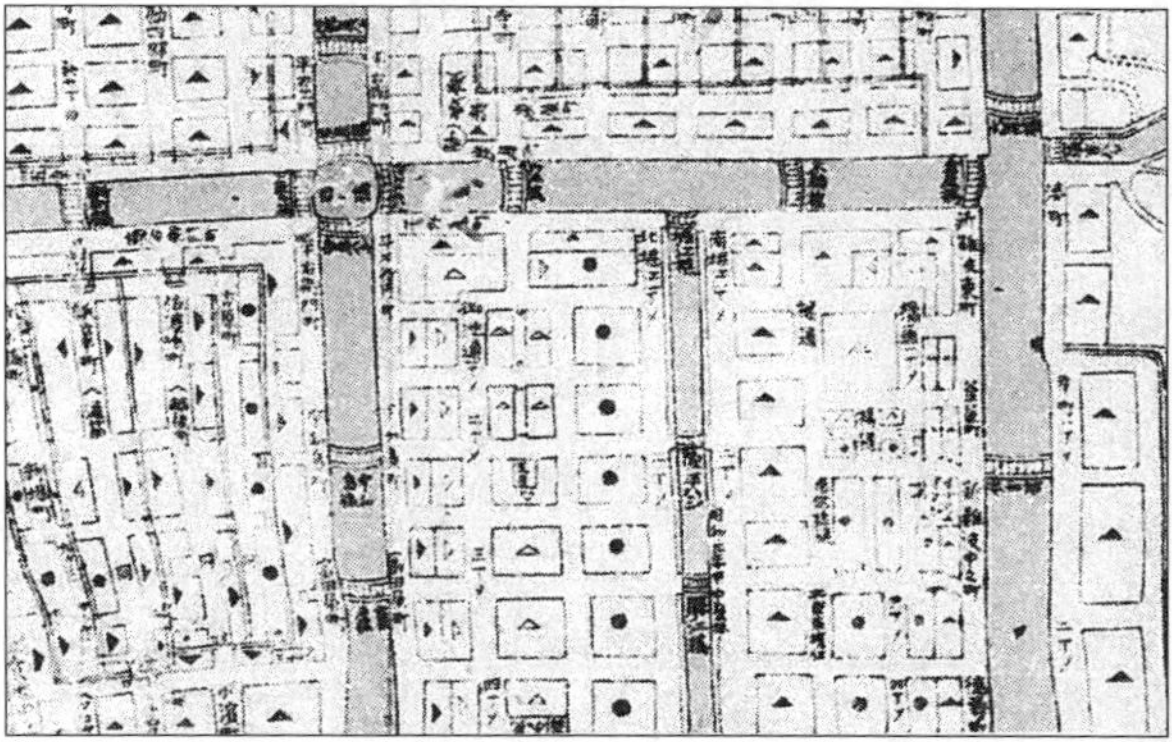

『増脩改正摂州大阪地図』（『大阪古地図集成』）

り北側は天満組。南側は北組と南組である。

　北組と南組の境界は入り組んでいて、境界線を直線で引くのは難しい。ただし、船場では本町と安土町の間を通る背割《せわり》下水（背中合わせに建てられた南北二軒を通る下水道）を境にして分かれている。これは当時の町割りの考えを表していて面白い。現代のように、通りが町と町の境界線になるのではなく、通りを挟んで向かい合った家は同じ町に属し、背中合わせの家々が境界線になったのである。

　さらに詳しく見てみると、船場の南側の島之内など、ところどころに三つのマークが入り乱れ、飛び地になっているところもある。町同士の綱引きや駆け引きがあったことをうかがわせる。

また、天満組は開発地域、北組は豪商の大店や蔵屋敷、南組は島之内、道頓堀の歓楽街、芝居町と、それぞれの性格は異なっていた。

この大坂三郷は、明治時代に入ると、東西南北の「四大組」に改組され、やがて「区」になって現在に至る。

天守閣が二つ描かれた『大坂夏の陣図屛風』の謎 ——大坂城

大阪のシンボルともいえる大阪城は、一六世紀後半に豊臣秀吉が築城して以来、何度か改築されている。

秀吉時代の城の外観は絵図や図屛風に描かれているが、その後の時代に描かれたものと突き合わせると、変化の具合が確認できる。

たとえば、慶長二〇年（一六一五）の大坂夏の陣のあとにつくられた『大坂夏の陣図屛風』。福岡藩主黒田長政が描かせた屛風である。

これを見ると、本丸に天守が二つ描かれているではないか。天守は城のシンボルであり、通常は一つの城に一つの天守しか設けられない。それなのになぜ、二つも描かれているのだろうか。

答えは、実際に天守が二つ存在していたからである。慶長三年(一五九八)、秀吉が亡くなると、翌年九月に家康が秀頼に重陽《ちょうよう》の祝賀を述べるという名目で、大坂城に乗り込んできて、そのまましばらく西之丸に居座ってしまった。

そして慶長五年(一六〇〇)二~三月頃から藤堂高虎《とうどうたかとら》に命じて、西之丸に新たな天守を建設させたのである。この家康の暴挙が、関ヶ原の戦いの原因の一つになったとされている。

慶長五年九月の関ヶ原の戦いで家康率いる東軍が勝利したあとも、西之丸の天守は取り壊されず、大坂の陣で大坂城が落城するまで、本丸と西之丸に二つの天守が並立していた。『大坂夏の陣図屏風』は、このことを示しているのだ。

本丸に二つの天守が描かれている点に疑問が残るが、これについては、『大坂夏の陣図屏風』は大坂城落城のあとに描かれたものであり、絵師が記憶や伝聞をもとに描いたため、事実誤認が生じたのではないかと考えられている。

江戸時代につくられた大坂の古地図は、なぜ東が上なのか？

地図の東西南北

現代の世界地図は、北を上側に描くのが暗黙のルールとなっている。その理由については、北を指す方位磁石を使って測量したためとか、ヨーロッパ人が自分たちの土地を上に示したかったためとか、さまざまにいわれていて定説はない。一六世紀にヨーロッパで北を上にする地図が一般的になって以来、それが世界のスタンダードとして受け入れられている。

では大阪の古地図はどうかというと、江戸時代は東を上にした地図が多い。『天保新改摂州大阪全図』のように南を上にしたものもあるが、『大坂大絵図』や『新板大坂之図』など、多くの地図が東を上にしているのである。

これは一般的には、都市のシンボルである大坂城を地図の上座に置くためだといわれている。しかし、別説もある。ユニークなのが地図研究家の本渡章《ほんどあきら》氏による「レイアウト上の都合説」だ。本渡氏の著書『大阪古地図パラダイス』（140B）は、次のように解説している。

地図上に発行年や版元名などのクレジットを書き入れるスペースを探すと、大阪湾岸が、空白が多くて都合がよい。また、できれば地図のタイトルは、地図の上部に入れたいし、大坂城は上にもっていきたい。そこで東を上にしたところ非常に収まりがよかった。その結果として、東が上になったのではないかというのだ。ずいぶん現実的な理由だったことになる。

もう一つ、地図上の文字がそれぞれ東西南北の四方向を向いている点も気になるが、こうした表現になったのは、当時は地図を畳などの上に広げて大勢で囲んで見るのが一般的だったからだと考えられている。

もし幕府が鎖国をしていなければ、ヨーロッパの地図が入ってきて、大阪の古地図も北を上にするのが習慣になっていたのかもしれない。

太閤下水
いまでも使われている秀吉のつくった下水道とは？

都市生活者にとって、下水道の整備は非常に重要である。人口の集中する場所では糞便《ふんべん》などの汚水が大量に生まれ、その処理が不十分だと衛生状態が悪化し、コレラや赤痢《せきり》などの疫病を引き起こす。下水道は市民のライフラインの一つなのだ。

ヨーロッパの人々は早くから下水道の重要性に気づいており、下水道は紀元前六〇〇年頃にローマでつくられたのが始まりである。しかし、中世のヨーロッパでは、都市の道に糞尿を捨てていたので不衛生な状態にあり、道の汚物を踏む面積を少なくするためハイヒールが発明されたほど。ロンドンでようやく下水道が整備されたのは、一八世紀になってからだった。

では、日本はどうか。驚くなかれ、日本はロンドンよりも一〇〇年以上進んでいた。豊臣秀吉時代の天正一一年（一五八三）、秀吉の命令により、大坂城築城と並行して、城下町に下水道が整備されたのである。これを秀吉にちなんで「太閤下水」という。

太閤下水は、明暦元年（一六五五）に作成された『大坂三郷町絵図』に、網の目のように張り巡らされた黒線で描かれている。当時の町は北向き、南向きの建物を背中合わせに建てる方法でつくられており、その南北の二軒の間を下水道が通っていたため、「背割下水」とよぶこともある。

太閤下水はもともと素掘りだったが、江戸時代後期になると石組溝が築造された。さらに明治時代中期には、総延長三五〇キロメートルのうち一二〇キロメートルに改良工事が施されて暗渠《あんきよ》となり、二〇キロメートルは現在でも使用されている。

中央区にある南大江小学校の西側にある下水道の公開施設では、改良されたあとの溝の石組みや床の姿を見ることができる。

五〇〇年前の下水道がいまも使われ続けているという事例は世界的にも珍しく、約七キロメートルが大阪市の文化財に指定されている。

堺の町人がつくり、天下人に翻弄《ほんろう》された数奇な運命の川とは？――土居川

中世、自治都市として一時代を築いた町・堺。古来、瀬戸内海方面との交易の要衝であった堺は、室町時代になると日明貿易の船が発着するなどしたため、貿易都市として大きく発展した。

海外貿易で力をつけた堺の商人は、行政権や警察権を行使する惣《そう》をつくって

自治権をもつようになる。そして自治都市として町を自衛するため、海に続く西以外の市街三方に深い堀（土居川）をつくり、入り口の橋には門や門番を配置した。堺は堀に囲まれた環濠《かんごう》都市だったのである。

しかし、土居川は豊臣秀吉の命令によって天正一四年（一五八六）に埋め立てられてしまう。大坂を全国統一の拠点にしようと考えていた秀吉は、堺の商人を大坂へ取り込むと同時に、彼らが主導していた自治都市・堺を壊滅させてしまいたかった。そこで土居川を埋め立てたのである。

結果、堺のまちは解体され、のちの地震や大坂夏の陣の戦火によって消滅することになった。

だがその後、豊臣家が滅ぶと幕府は堺の堀を掘り起こし、新たな商工業都市として復興させた。そのときに掘り起こされたのが現在の土居川である。

復活した土居川は、総延長四・七二キロメートル、流域面積七・九六平方メートルの二級河川となっている。ただしこれは、かつて堺の人々がつくった土居川とは少し違う。元の土居川より外側に位置しているのである。

堺最古の古地図は、元禄二年（一六八九）の『堺大絵図』。秀吉に土居川が埋め立てられたあとの発行なので、残念ながら元の堀は確認できない。かろうじて残っているのは、一つは南海本線沿いに北から南へ約六〇〇～七〇〇メートル進んだところにある「内川」とよばれている掘割のあたり。もう一つは、内川が南の端から東へ直角に折れているところにある「土居川」とよばれているあたり。ここがかつての堺の南側の堀にあたる。

北側と東側は早くに埋め立てられたため、当時の面影はほとんどないが、唯一東側にある土居川公園の一角に残された極楽橋がその名残を伝えている。

四天王寺

一七世紀の地図に、寺院が大坂城より大きく描かれた事情とは？

大阪市天王寺区の四天王寺は、七世紀に創建したとされる日本最初の官寺。蘇我《そが》氏と物部《もののべ》氏の争いの際、蘇我氏側についていた聖徳太子が勝利のあかつきに建立したことは、すでに述べたとおりだ。

四天王寺の特徴は、やはり独特の伽藍《がらん》配置だろう。中門・五重塔・金堂・講堂が南北一直線に並び、回廊で囲むという、日本で最も古い形式をとっている。

大坂城（上端）より大きく描かれる四天王寺（下端）

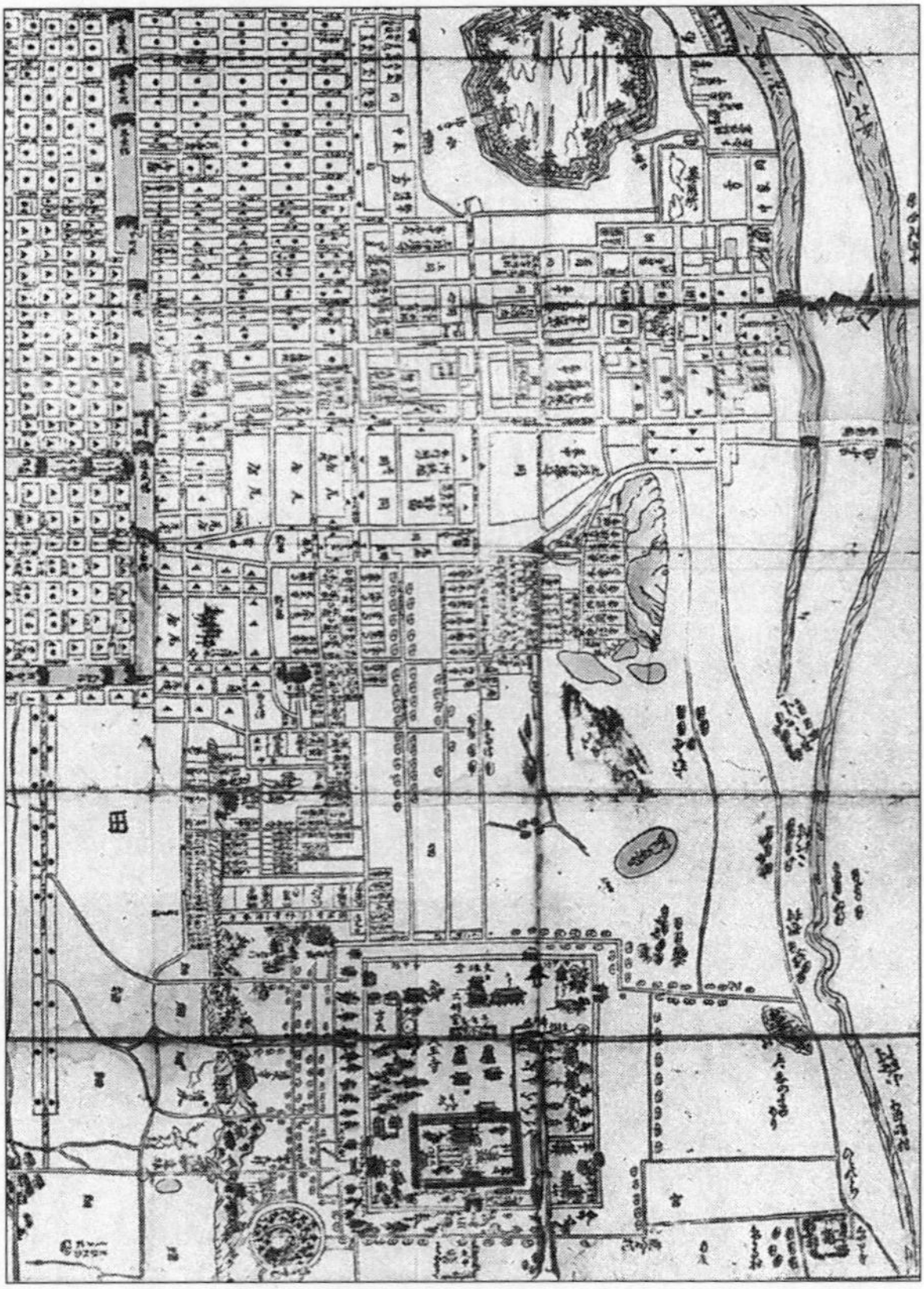

『新撰増補大坂大絵図』（『大阪古地図集成』）

金堂に安置されている本尊の救世観世音菩薩《ぐぜかんぜおんぼさつ》像は、聖徳太子の化身ともいわれる。

この寺は古くから人々の信仰を一身に集めてきた。その信仰がいかに大きかったかは、古地図からうかがえる。

江戸時代初期の元禄四年（一六九一）に作成された『新撰増補大坂大絵図』を見ると、南の端に四天王寺が描かれている。注目すべきは、その北側に位置する大坂城。両者を比べると、四天王寺のほうが大坂城よりも一まわり大きく描かれているではないか！

もちろん、実際には大坂城のほうが大きく敷地も広い。にもかかわらず、四天王寺を大きく描いているのは、この寺院に対する人々の信仰の深さにほかならない。

四天王寺の西門は、西方浄土《さいほうじょうど》（極楽浄土）に向いて大阪湾に沈む夕日が拝めることから、夕日を極楽浄土として拝む日想観の地としても信仰されるようになった。さらに西門前は寺であるにもかかわらず立派な石の鳥居があり、神道ともかかわりが深い。このように太子信仰、浄土信仰、神道などが一体となった古刹ゆえに、多くの人々の崇敬を集めることとなり、その存在感の大きさが地図上にも示されたとみられている。

なぜ古地図に鳥居が強調して描かれたのか?――高津宮

大阪市中央区の高津宮は、桜がきれいなことで知られる神社。毎年春に開かれる高津宮桜祭は、大勢の花見客で賑わい、夜桜はとくに美しい。

歴史的に見ると貞観《じょうがん》八年(八六六)、清和天皇の勅命により仁徳天皇を祀るために創建されたと伝わる。その後、高津宮は朝廷や時の権力者らに崇敬されて寄進を受け、天正一一年(一五八三)に豊臣秀吉が大坂城を築城した際に御神体を現在地に遷《うつ》した。

ただ、太平洋戦争時の空襲で社殿が焼失してしまったため、現在の社殿は再建されている。

そんな高津宮を元禄四年(一六九一)の『新撰増補堂社仏閣絵入諸大名御屋敷新校正大坂大絵図』で見ると、不思議なことに気がつく。鳥居が社殿と同じ

『摂津名所図会』に描かれた高津宮（国立国会図書館所蔵）

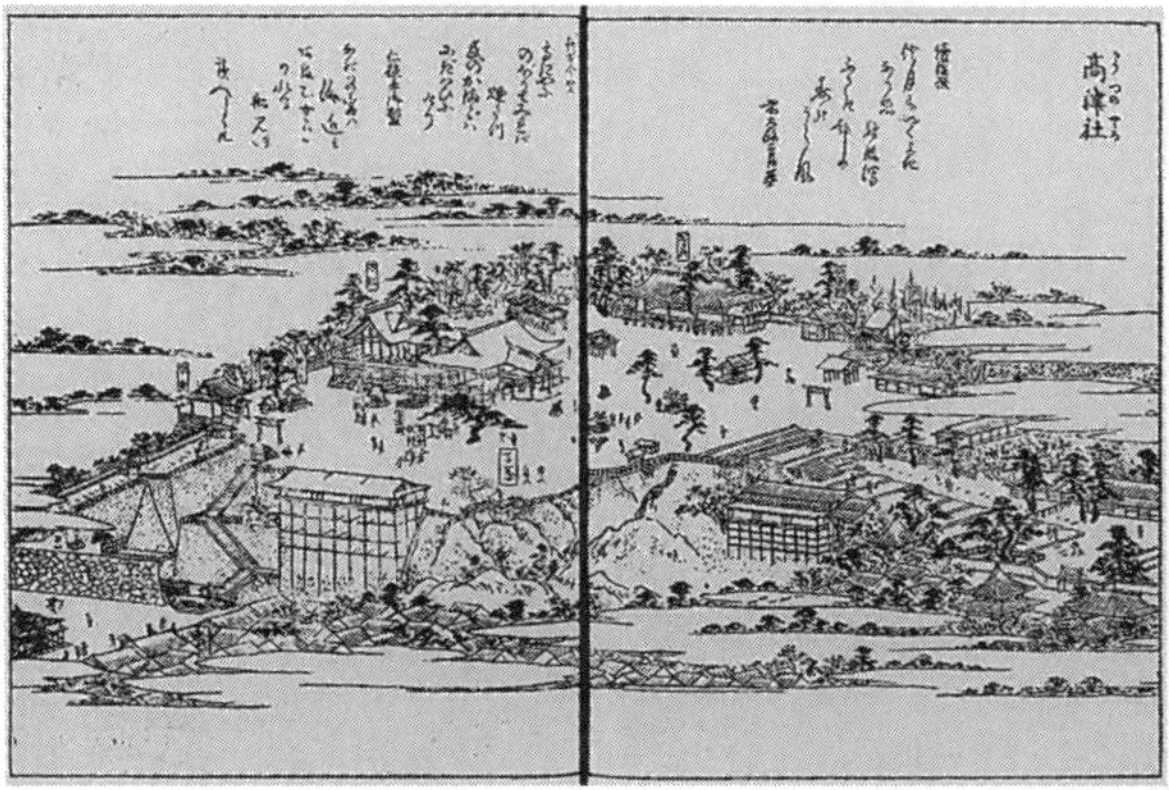

くらい巨大に描かれているのだ。

この謎を解くカギは、桜ではなく梅にある。

当時、高津宮の鳥居のあたりには梅が咲き誇り、鳥居と並行して流れる梅川、そこにかかる梅之橋とがセットで観光名所とされていた。

人々は梅の花を見ながら鳥居をくぐり、梅之橋を渡って楽しんだ。当時の高津宮の賑わいは、『摂津名所図会』にも描かれている。

とはいえ、梅と鳥居、梅川、梅之橋がセットで名所の風景なら、梅川と梅之橋も地図に描かれていてよさそうだが、なぜか描かれていない。じつは、梅川は溝のようなサイズで、梅之橋も非常に小さかった。そのため、鳥居を大きくするだけにしたのではないかと考えられている。

なお、高津宮の境内には現在も梅があり、毎年二月一一日には、梅ヶ辻の氏子から選ばれた献梅司が、花台に積んだ梅の花を社前に捧げる献梅祭が古式ゆかしく行なわれている。

絵図に描かれた橋の擬宝珠はいったいどこへ消えた?——京橋

大阪城公園の北西を流れる寝屋川に架かっている京橋は大坂と京を結ぶ京街道の出発点であることから、こう命名された。

この橋がいつ架けられたのかは不明だが、豊臣秀吉の時代にはすでにあり、元和九年（一六二三）に江戸幕府によってあらためて架け直されたことがわかっている。

京橋は「公儀橋」だが、前述したように、大坂には全部で一二の公儀橋が存在した。そして公儀橋の高欄《こうらん》には、丸くて先が尖ったネギ花形の擬宝珠《ぎぼし》が装飾としてつけられていた。

現在の京橋のコンクリート造りの地味なデザインは、近世以降に行なわれた河川改修によって様変わりしたもので、江戸時代後期の寛政八〜一〇年（一七九六〜九八）に刊行された『摂津名所図会』には、擬宝珠を備えた華やかな京橋が描かれている。当時は現在のおよそ倍の長さの一〇〇メートル（最長時）を誇り、合計一六の擬宝珠がついていたという。

時代とともに、災害などで多くの公儀橋から擬宝珠が失われ、代わりに六角の頭巾に似た形の金具が取り付けられた。それでも京橋だけは、明治初期まで擬宝珠をつけていた。当時の写真を見ると、それが確認できる。

ところが、明治中期に刊行された『浪華百事談《なにわひやくじだん》』の記事には、京橋の擬宝珠もいつの間にか外され、元の擬宝珠は博物場の内にあると書かれている。

博物場とは、大阪市中央区本町橋にあった府立大阪博物場のこと。実際、明治三六年（一九〇三）発行の『府立大阪博物場案内図』には、擬宝珠が博物場の庭園で展示されていることが記されている。

では、それ以外の擬宝珠はどこに消えたのか。多くは不明だが、わかっているものもいくつかある。

一つは和歌山県のある寺院が所蔵していて、平成五年（一九九三）に大阪市立博物館へ寄託された。戦後間もなく道具商によって持ち込まれたものだという。もう一つは奈良県の個人が所有しており、戦前に大阪の博覧会で購入したそうだ。

いずれの擬宝珠も青銅製で、表面に刻まれた銘文や内側の墨書から、鋳造《ちゅうぞう》された年代や、架け替え工事の際に再利用されたことなどが判明した。どのような経緯で擬宝珠が売りに出されたのかはわからないが、現在は大阪歴史博物館に三つの擬宝珠が保存されている。

車道のど真ん中に巨木がそびえる道路があるのはなぜか？――本照寺跡ほか

当たり前だが、道の真ん中に木があると邪魔である。ふつうは道路工事の際に伐採される。ところが不思議なことに、大阪市内では道路の真ん中にデンと木が立っている光景が多く見られるのだ。

有名なのが、大阪市中央区谷町七丁目の交差点から東に少し入ったところ。片側一車線の道路の中央に、樹齢五〇〇年以上という大きな楠《くすのき》が立っており、道路は楠を避けるように南北にふくらんだカーブを描いている。楠の根元には鳥居と祠《ほこら》があり、蛇の置物が祀られている。

かつてここには本照寺という寺があり、楠は境内に生えていた。それが昭和一二年（一九三七）に道路の拡張工事が行なわれ、寺は移転。楠だけが残されることになったのである。元禄四年（一六九一）の『新撰増補堂社仏閣絵入諸大名御屋敷新校正大坂大絵図』に照らし合わせると、確かにここに寺院があったことがわかる。

しかしながら、なぜ楠は切り倒されずに残ったのか。

一説には、伐採しようとしたところ、工事関係者に不幸が重なり、楠の祟《たた》りと恐れられたため、現在まで伐られないのだという。確かに楠は寺院の御神木。祟りがあったと信じられても不思議はない。

もう一つ、この楠には蛇の神が住んでいると信じられていることも理由と考えられる。蛇の神は十二支の巳《み》に敬称をつけて「みいさん」とよばれ親しまれている。上町通りと谷町通りを結ぶこの通りの名前が「楠木通り」であることからも、近隣の住民生活に楠が溶け込んでいることがうかがえる。

大阪市内には、ほかにも北区野崎町の竜王大神や、中央区安堂寺町の榎《えの》木《き》大明神といった路上の木が存在する。竜王大神は四〇〇年以上前から太融寺《たいゆうじ》境内にあった御神木で、大阪空襲にも焼け残った大銀杏《おおいちょう》。榎木大明神は榎木とはいうものの、じつは槐《えんじゆ》の木で、楠木正成の手植えだという伝説がある。大阪人の信心深さがこうした珍しい光景をつくりだしているのかもしれない。

江戸時代の米相場の中心地の絵図に米俵が描かれない理由——堂島米市場

江戸時代、「天下の台所」とよばれていた大坂は、全国から年貢米が集められ、売買される米相場の中心地の一つとなっていた。

元禄一〇年（一六九七）には淀屋の米市場が堂島（現在の北区）に移転し、堂島米市場が発足した。その堂島米市場の様子は、寛政一〇年（一七九八）に描かれた『摂津名所図会』に載っており、大勢の米問屋が熱く相場を競う姿が確

『摂津名所図会』に描かれた堂島米市場（国立国会図書館所蔵）

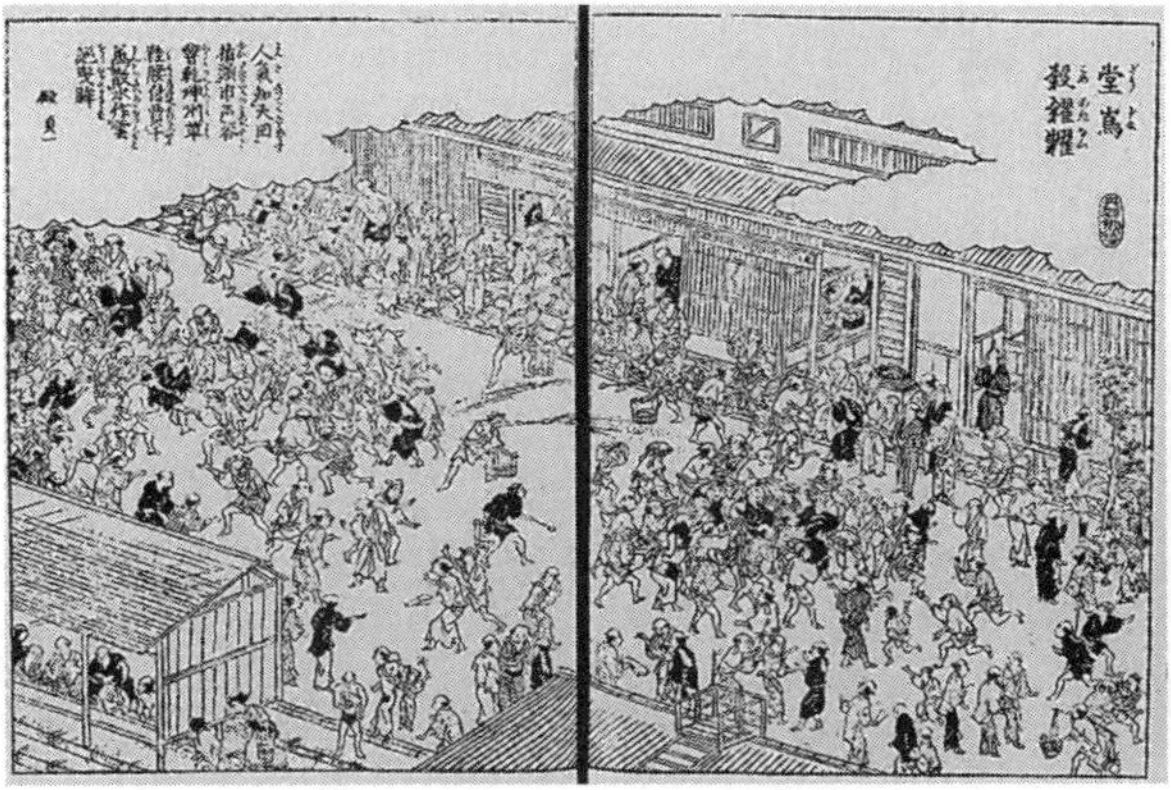

認できる。

ところが、米市場の図会にもかかわらず、肝心なものが描かれていない。取引されるべき米の現物、そう、米俵だ。

米俵が描かれていないのは、米の現物ではなく、米と引き換えることのできる米切手、いまでいう手形を売買していたからだ。

当時は〝米本位制〟の世の中で、収入を得るために米切手を売って急場をしのぐ者が少なからずいた。最初のうちは実体のない米切手の売買は幕府によって禁止されていたが、やがて米の価格安定化を狙い、幕府公認で米切手の転売、すなわち帳簿上のみでの米の売買が認められるようになった。年貢米自体は、中之島や堂島に連立していた各藩の蔵屋敷に収められていて、米切手でいつでも交換可能だった。

この堂島米市場の米切手システムは、現物の米が実際にない状態でも行なわれる先物取引へと発展していく。アメリカのシカゴに先物取引市場が開設される一〇〇年以上前の出来事であり、先物取引としては世界最古の事例である。商人の町・大坂は世界の最先端を走っていたのだ。

堂島における米相場の価格は、京都や大津など各地の米市場に大きな影響を与えた。各地の業者はいちはやく堂島での価格を知りたがり、旗振り通信が生み出された。リレー方式で高台や山の頂などで振る旗を視認し、情報を届ける通信システムだ。

天気が良ければ大坂から京都まで四分、神戸まで七分というわずかな時間で米の価格を伝達できた。交野《かたの》市や兵庫県神戸市須磨《すま》区にある旗振山は、堂島からの旗振り通信の中継地に由来する地名とされている。

豊国神社

江戸時代に破却された神社が幕末に復活した事情とは？

現在の大阪城の一角に豊国《ほうこく》神社という神社が鎮座している。大坂城を築いた豊臣秀吉を祀る神社である。

国宝の唐門、秀吉の遺品を納めた唐櫃、狩野内膳《かのうないぜん》筆の『豊國大明神臨時祭礼図』など見どころの多い神社だが、明治四四年（一九一一）発行の国土地理院の地図を見ると、かつて豊国神社は現在地ではなく中之島、つまり現在の中央公会堂がある場所に建っていたことがわかる。さらに古い江戸時代の地図を見ると、豊国神社はどこにも存在していないのだ。いったいなぜか。

これは、日本を統一した武将をめぐる次のような事情による。

慶長三年（一五九八）、秀吉は自らを神として祀るようにと遺言してこの世を去った。これを受け、翌年四月に朝廷は秀吉に「豊国大明神」という神号を与え、京都の東山、現在の京都国立博物館の東にそびえる阿弥陀ヶ峰《あみだがみね》という山の麓に建てられた豊国神社に神として祀った。ところが、慶長二〇年（一六一五）

の大坂夏の陣で豊臣家が滅ぶと、徳川家康は真っ先に豊国神社を破壊し、秀吉の神号も剝奪《はくだつ》してしまったのである。江戸時代、徳川の世では豊臣家が讃えられるようなことはなかったわけだから、当時の地図にないのは当たり前なのである。

その後、豊国神社は明治一二年（一八七九）に復活する。このときに再建された場所が中之島だった。

この復興は明治新政府の中心人物である大久保利通《としみち》の大阪遷都構想と関係していたといわれる。

大久保は遷都によって京都での古い体制から脱却し、天皇の親政開始をアピールしようと、大阪遷都を提案。その一環として、明治元年（一八六八）に明治天皇の大阪行幸を実施した際、秀吉の名誉回復を宣言し、神号を贈った。これにより秀吉は再び豊国大明神になり、豊国神社が中之島に再興されたのである。

大正元年（一九一二）に中之島から現在大阪市役所がある場所へ移されたが、昭和三六年（一九六一）には用地拡張のために大阪城内に移され現在に至る。

※　　　　　※

大阪の現代の地図と古地図を比較すると、川や堀の位置が大きく変わっており、地形がかなり変化していることがわかる。林立する高層ビルや整備された道路が、かつてどんな姿をしていたのか。消えた地名や変化した地形の痕跡を、その歴史的事情とともに味わいながら大阪を歩けば、その楽しみは何倍にも広がることであろう。

●以下の文献を参考にさせていただきました――

『図説江戸6　江戸の旅と交通』竹内誠監修、『新・歴史群像シリーズ②真田幸村と大坂の陣―家康を震撼させた猛将の戦い』、『【決定版】図説日本の古墳・古代遺跡』、『図説大坂　天下の台所・大坂』脇田修監修、『大阪今昔歩く地図帖―彩色絵はがき、古写真、古地図でくらべる』井口悦男、生田誠（以上、学研パブリッシング）／『上方風俗　大阪の名所図会を読む』宗政五十緒編、『大阪の地名由来辞典』堀田暁生編著、『地名の由来を知る事典』武光誠（以上、東京堂出版）／『大阪古地図むかし案内　読み解き大阪大絵図』『大阪名所むかし案内　絵とき「摂津名所図会」』以上、本渡章、『大阪の歴史を歩く』大谷晃一、『大阪市の歴史』大坂市史編さん所編、『絵はがきで読む大大阪』橋爪紳也、『大阪の橋ものがたり』伊藤純・橋爪節也・船越幹央・八木滋（以上、創元社）／『大阪府の歴史』藤本篤、前田豊邦、馬田綾子、堀田暁生編、『歴史散歩29　大阪府の歴史散歩【上】―大阪市・豊能・三島』大阪市の歴史散歩編集委員会編（以上、山川出版社）／『『河内名所図会』『和泉名所図会』のおもしろさ』森田恭二編著、『岸和田古城から城下町へ―中世・近世の岸和田』大澤研一、仁木宏編（以上、和泉書院）／『徳川十五代　知れば知るほど』大石慎三郎監修、『戦国城と合戦　知れば知るほど』二木謙一（以上、実業之日本社）／『徹底比較　江戸と上方―雑学3分間ビジュアル図解シリーズ』竹内誠、『堺―海の都市文明』角山榮（以上、PHP研究所）／『街道の日本史33　大坂　摂津・河内・和泉』今井修平、村田路人編、『中世武士の城』斉藤慎一（以上、吉川弘文館）／『近世大坂の町と人』脇田修、『大坂淀川探訪―絵図でよみとく文化と景観』西野由紀、鈴木康久編（以上、人文書院）／『城下町古地図散歩4　大阪・近畿（1）の城下町』高橋洋二編、『日本歴史地名大系第28巻　大阪府の地名』（以上、平凡社）／『史跡名所探訪　大阪を歩く　大阪市内編』林豊、『森琴石と歩く大阪　明治の市内名所案内』熊田司・伊藤純編（以上、東方出版）／『大坂　地名の謎と歴史を訪ねて』若一光司、『大阪地名の由来を歩く』若一光司（以上、ベストセラーズ）／『大坂城』岡本良一、今駒清則写真、『大阪の歴史―史跡めぐり』岡本良一（以上、岩波書店）／『「水都」大阪物語―再生への歴史文化的考察』橋爪紳也（藤原書店）／『「東海道五十七次」の魅力と見所』志田威（交通新聞社）／『なにわの石碑を訪ねて』杵川久一（新風書房）／『なにわ考古学散歩』大阪市文化財協会編（学生社）／『郷土史事典　大阪府』林利喜雄編（昌平社）／『郷土資料事典27大阪府』（人文社）／『近世上方の民衆』小林茂（教育社）／『堺の歴史―都市自治の源流』朝尾直弘、栄原永遠男、仁木宏、小路田泰直（角川書店）／『写真で見る　消えた大阪の宝』中村哲（日本機関紙出版センター）／『戦国城郭の考古学』鈴木重治、西川寿勝編著（ミネルヴァ書房）／『大阪のお勉強』前垣和義（西日本出版社）／『大阪の町名―大阪三郷から東西南北四区へ』大阪町名研究会（清文堂出版）／『大阪古地図パラダイス』本渡章（１４０Ｂ）／『大阪古地図物語』原田伴彦、矢守一彦、矢内昭（毎日新聞社）／『大阪市の旧街道と坂道　増補再版』旧街道等調査委員会編（大阪市土木技術協会）／『探訪　日本の歴史街道』楠戸義昭（三修社）／『町人の都　大坂物語―商都の風俗と歴史』渡邊忠司（中央公論社）／『東海道57次』志田威（ウェッジ）／『道I―ものと人間の文化史』武部健一（法政大学出版局）／『徳川家康伝―その軍略と治政』神谷昌志（明文出版社）／『日本の古地図⑪浪華大坂』（講談社）／『日本の城―透視&断面イラスト』西ヶ谷恭弘（世界文化社）／『日本城郭史―名城が語る日本の歴史』鈴木亨（東洋書院）／『豊臣大坂城―秀吉の築城・秀頼の平和・家康の攻略』笠谷和比古、黒田優一（新潮社）／『狭山池埋蔵文化財編』（狭山池調査事務所）／『大阪市立博物館研究紀要』（大阪市立博物館）

【参考サイト】
大阪府、大阪市、港区、西淀川区、北区、中央区、浪速区、天王寺区、枚方市、大阪市建設局道路部橋梁課、大阪国道事務所、国土地理院、関西大学なにわ大阪文化遺産学研究センター、一般財団法人大阪湾ベイエリア開発推進機構、大阪観光コンベンション協会、日本芸術文化振興会、東横堀河水辺再生協議会、都市環境デザイン会議、日本昆布協会、産経新聞、日本経済新聞、大阪日日新聞、奈良新聞、ニュースサイトGigazine、歌舞伎座、JR西日本、京阪電鉄、三津和化学薬品株式会社、Oricon style、国研出版、空堀商店街、千日前商店街、道頓堀商店街、下水道と水環境を考える会・水澄、大阪市立図書館、神戸市立中央図書館、八尾市立図書館、八尾市立歴史民俗資料館、くすりの道道修町資料館、大阪教育大学、武庫川女子大学、大阪城天守閣

KAWADE
夢文庫

大阪を古地図で歩く本

二〇一六年三月一日　初版発行
二〇一六年一〇月二〇日　3刷発行

著　者……ロム・インターナショナル［編］
企画・編集……夢の設計社
東京都新宿区山吹町二六二〒162-0801
☎〇三―三二六七―七八五一（編集）
発行者……小野寺優
発行所……河出書房新社
東京都渋谷区千駄ヶ谷二―三二―二〒151-0051
☎〇三―三四〇四―一二〇一（営業）
http://www.kawade.co.jp/
装　幀……川上成夫＋奥田朝子
印刷・製本……中央精版印刷株式会社
組　版……アルファヴィル
Printed in Japan ISBN978-4-309-49938-3